Y0-AST-462

# COLOMBIA
MARAVILLOSA

# COLOMBIA
## MARAVILLOSA

PRIMER CONCURSO DE FOTOGRAFIA
EDITORIAL COLINA

*Editorial*
COLINA

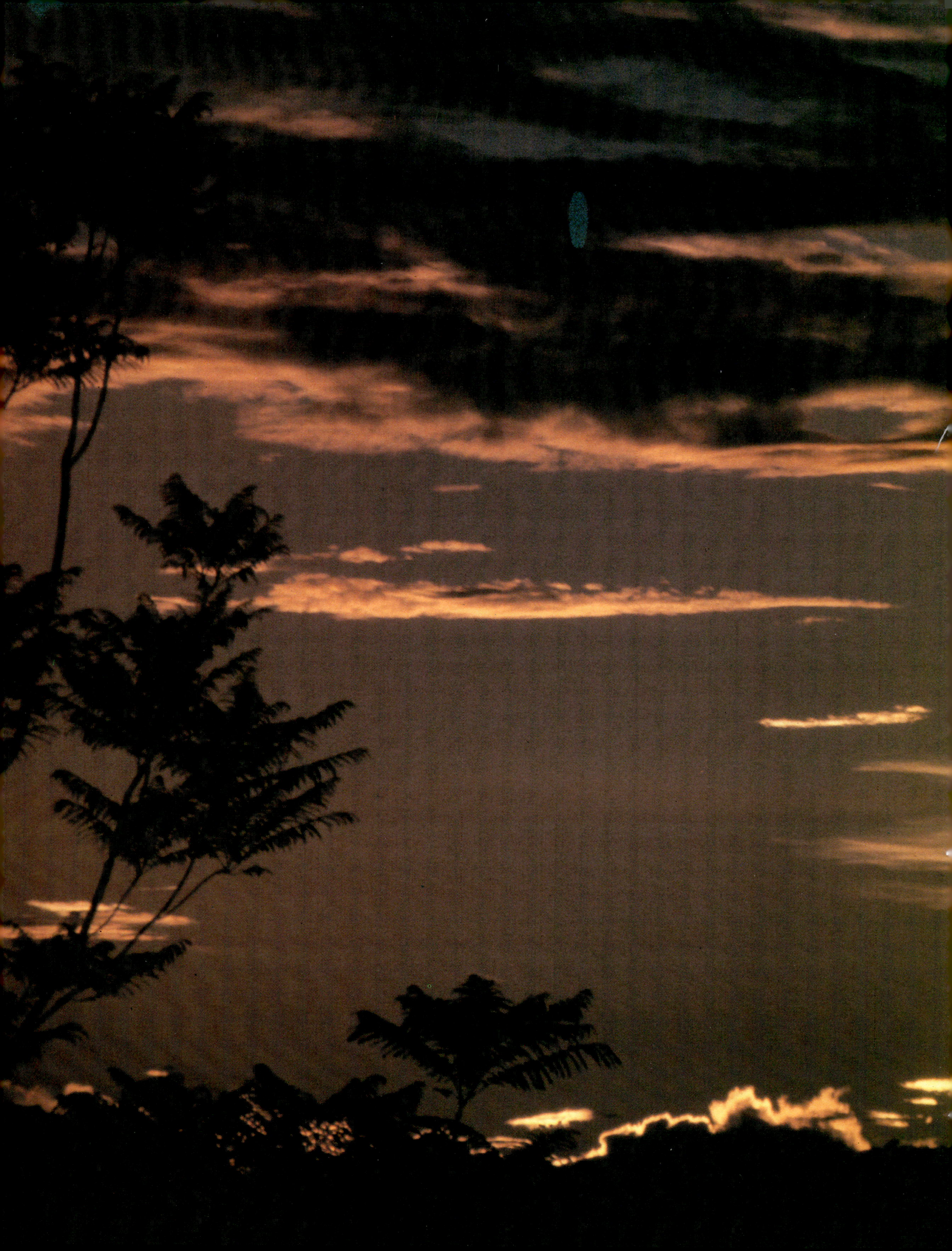

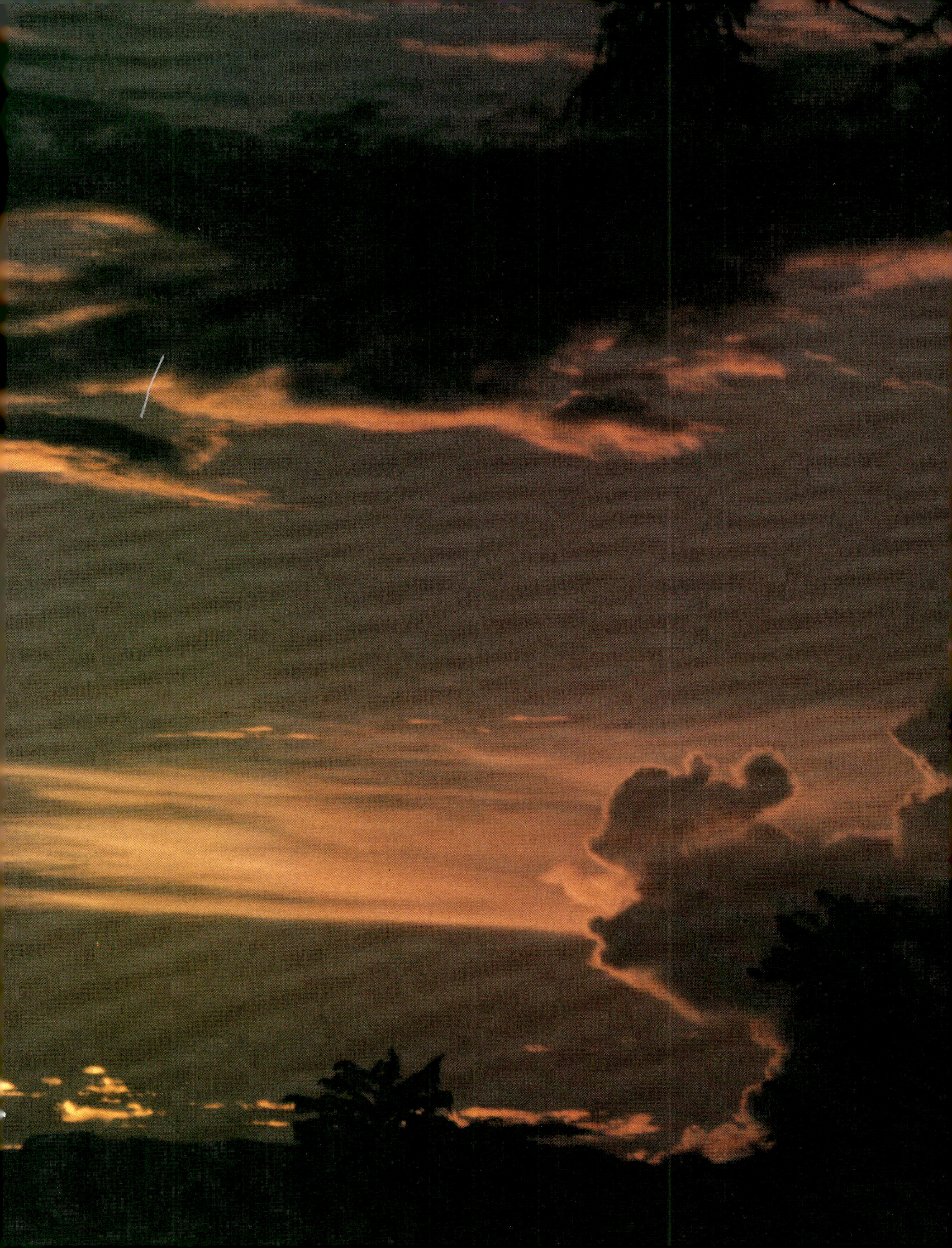

FOTOGRAFIAS
Participantes Primer Concurso de Fotografía Editorial Colina 1992

TEXTOS
Gloria Lucía Fernández G.
Editorial Colina

DISEÑO
Ana Lucía Pérez A.
Editorial Colina

FOTOGRAFIAS PORTADA
Cabo de La Vela, Guajira, Nicolás Bright S.
San Matías, Ituango, Antioquia, Jairo Osorio G.

FOTOGRAFIA PAGINAS 4 Y 5
Chinauta, Cundinamarca. Nelson Hernán Pinilla M.

© Editorial Colina
Primera reimpresión 1996
Pre prensa digital Zetta Colina
Comercialización Hola Colina

Medellín: Apartado 3674, Fax 2660397, Teléfono 2663211
Santafé de Bogotá: Apartado 75695, Fax 2356819, Teléfono 2170455

ISBN 958-638-123-4

# PRESENTACION

Colombia Maravillosa.

Maravillosa en sus recursos y en la infinita capacidad de su gente para aprovecharlos. Maravillosa en su pueblo, que siempre encuentra caminos para evitar la desesperanza.

Colombia Maravillosa, donde la imaginación, la alegría, el tesón, la solidaridad y la buena condición humana se dan silvestres. Maravillosa porque con ella Dios tuvo su mejor día, cuando la dotó de sus aves y sus ríos, cuando al lado de sus costas levantó verdes montañas, y cuando finalmente puso en medio de todo a la gente que le da vida.

Colombia Maravillosa que nos asombra, que nos alegra, que nos duele, que nos sorprende.

310 fotógrafos, aficionados y profesionales, participaron en el Primer Concurso de Fotografía que convocó Editorial Colina en 1992 para celebrar 40 años de labores. En 5.144 fotografías capturaron la imagen múltiple y siempre bella de nuestro país.

Aquí están las mejores 206 de estas obras. Aquí está esa Colombia de grandes ciudades y pueblos lejanos. La Colombia de contrastes asombrosos: la de cumbres y desiertos. La de mariposas y oleoductos. Pero sobre todo, la Colombia Maravillosa en su gente. En esa gente anónima que deja su huella en el quehacer de cada día.

Todavía las montañas son santuarios del silencio. Tan altas, que las nubes se enredan en sus cumbres. En Colombia las montañas reinan, y los caminos deben plegarse a su imponencia.
Al principio de los tiempos estuvieron solas. Luego llegaron los osos, las aves y los jaguares. Llegaron también los hombres que adoraron el sol. Y los que adoran la cruz. Pero ellas permanecieron intactas. El tiempo pasa, las generaciones se suceden, y ellas, en silencio, conservan sus secretos.

Volcanes Coconucos y Pan de Azúcar. Parque Nacio

Natural Puracé, Cauca. José Miguel Gómez M.

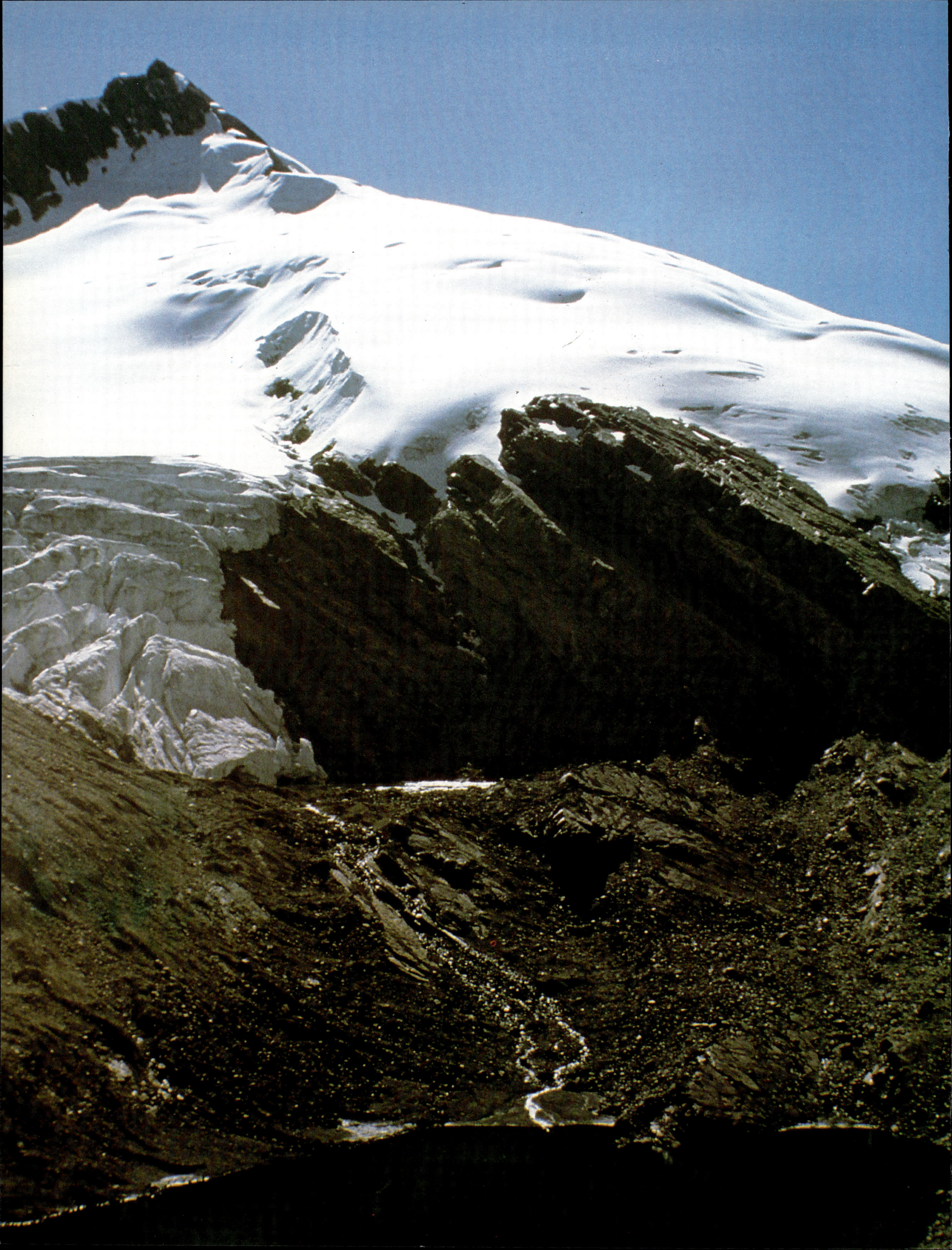

Sierra Nevada del Cocuy, Boyacá. Alvaro Pescador R.

Sierra Nevada del Cocuy, Boyacá. José Miguel Gómez M.
◀ Laguna del Rincón. Sierra Nevada del Cocuy, Boyacá. Alvaro Pescador R.  Ritacuba Negro. Sierra Nevada del Cocuy, Boyacá. Alvaro Pescador R. ▶

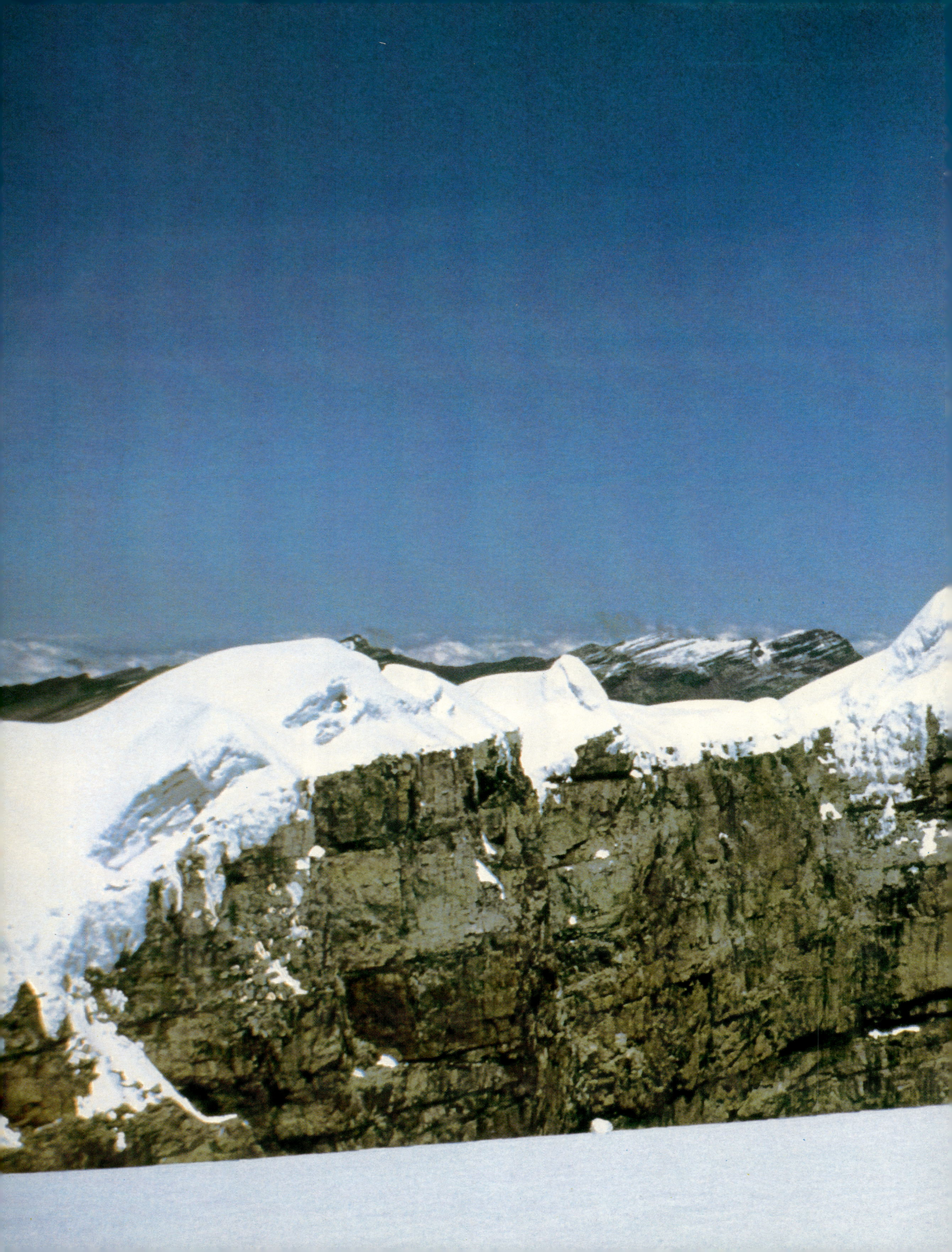

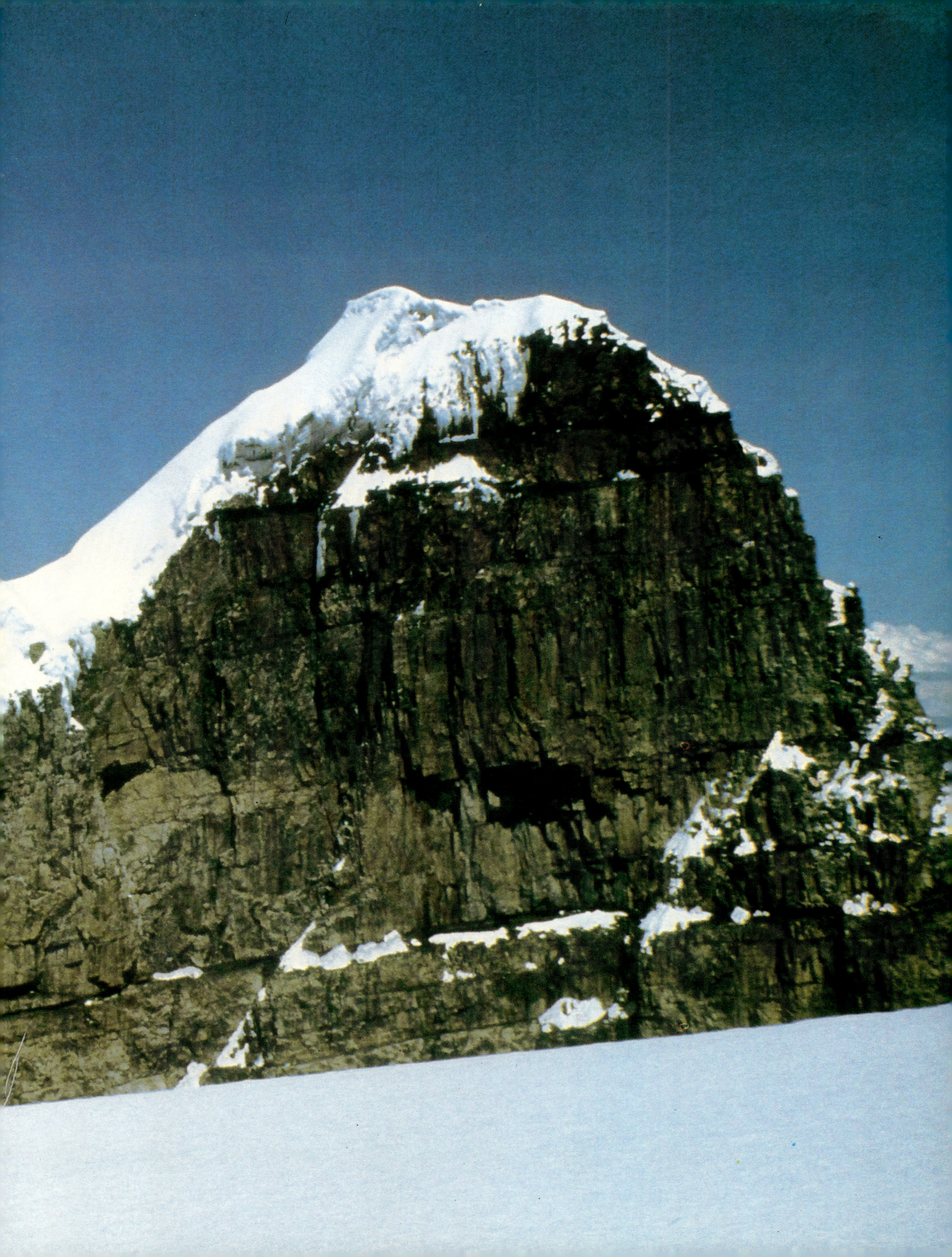

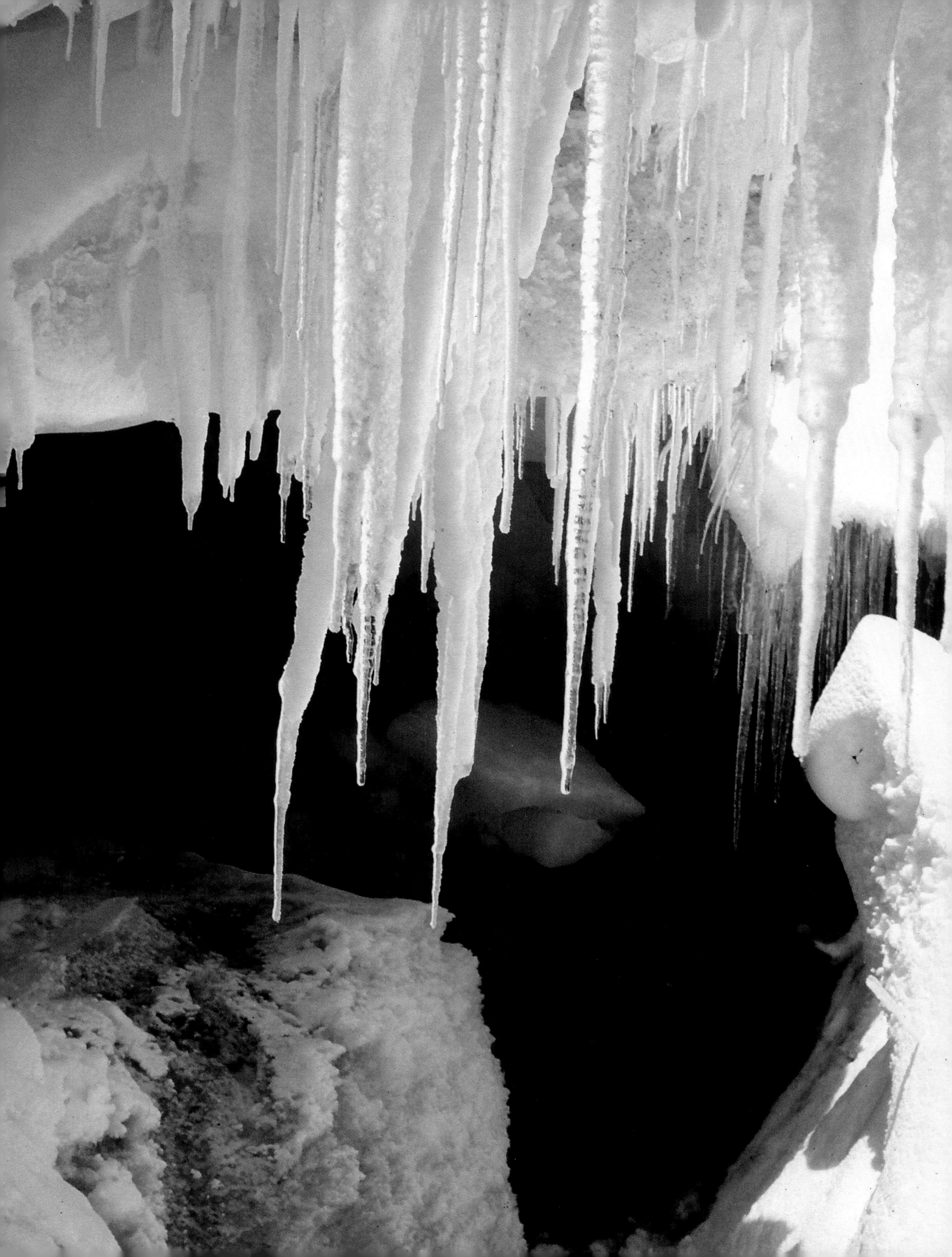

Parque Natural de los Nevados. Luis Horacio Vallejo

◄ Parque Natural de los Nevados. Luis Horacio Vallejo

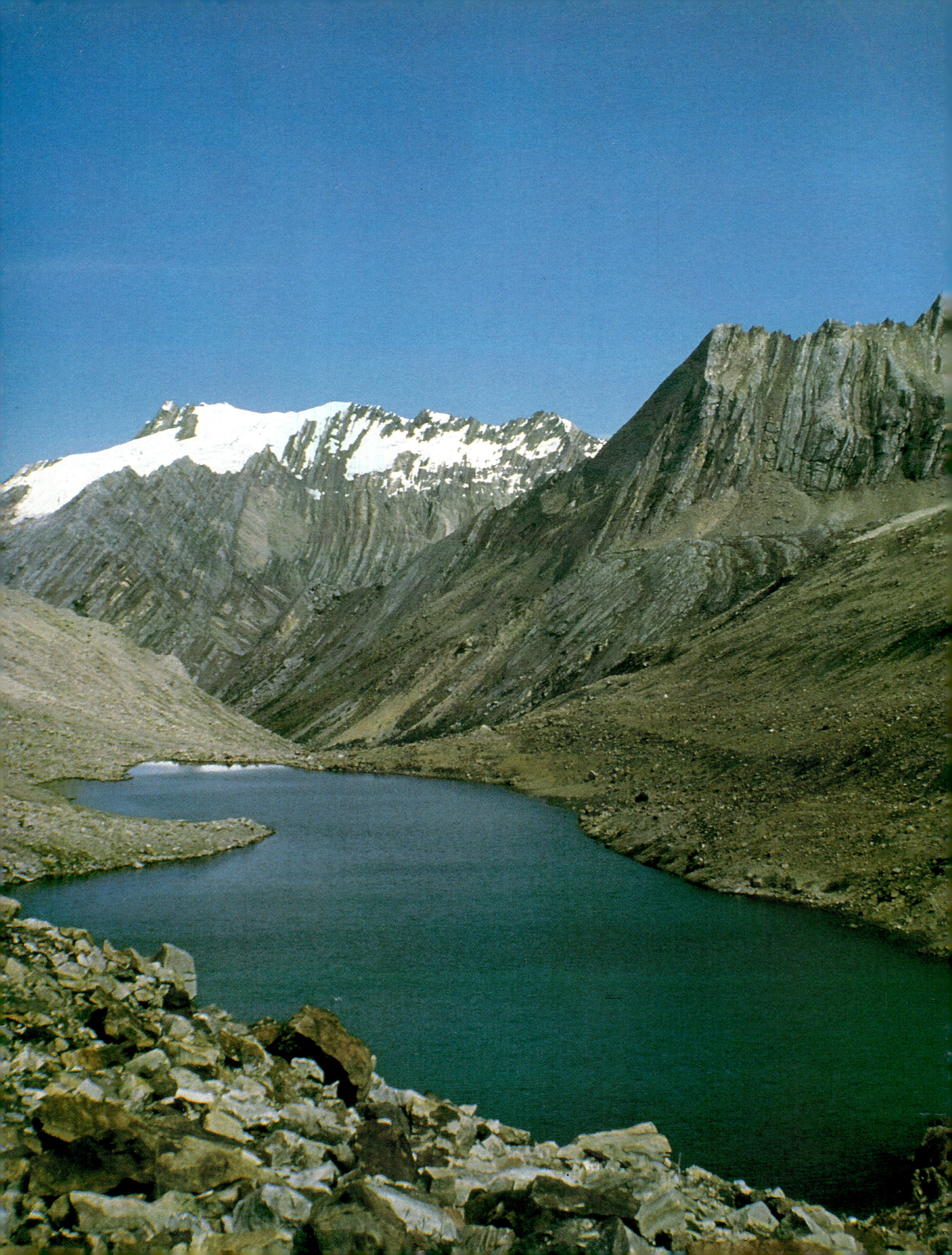

Laguna de La Plaza. Sierra Nevada del Cocuy, Boyacá. Alvaro Pescador R.

Laguna de La Isla. Sierra Nevada del Cocuy, Boyacá. Alvaro Pescador R.
← Laguna de El Rincón. Sierra Nevada del Cocuy, Boyacá. Alvaro Pescador R.

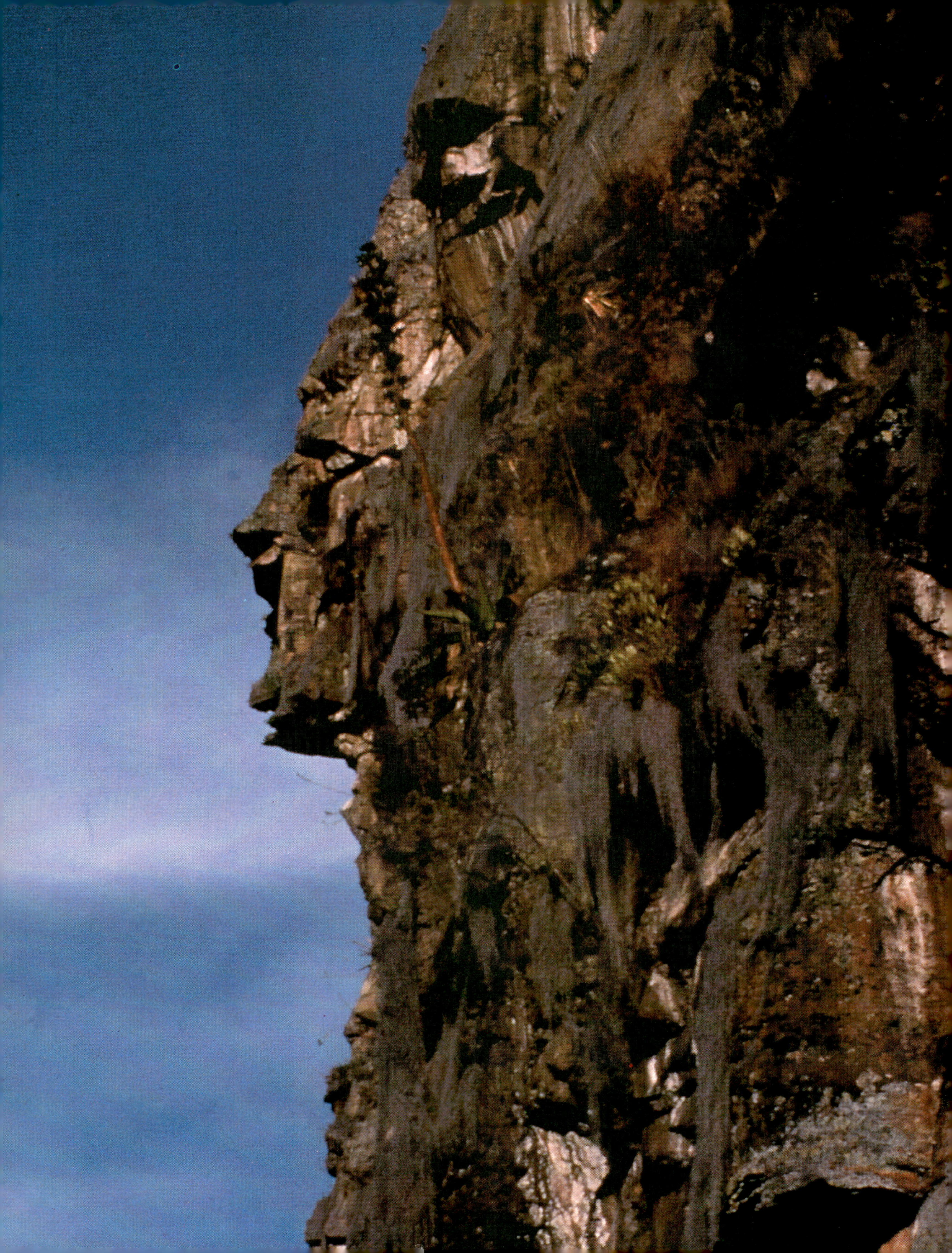

Sierra Nevada de Santa Marta. Carlos Humberto Arango B.

Púlpito del Diablo, Boyacá. Johnny Cañón G.

◄ Rocas de Suesca, Cundinamarca. Juan Guillermo Gómez P.

Salento, Quindío. Andreas Gaigl

Parque Natural de los Nevados, Caldas. John Missas R.

Vía a Túquerres, Nariño. Néstor López L.

Nariño. Manuel Hormaza T.

Cerro Maveicure. Río Inírida, Guainía. Néstor López L.

Nevado del Cocuy, Boyacá. Luis Fernando Mesa S.

23

Desierto de La Tatacoa, Huila. Néstor López L.

Desierto de La Tatacoa, Huila. Juan Manuel Parra T.

Cabo de La Vela, Guajira. Nicolás Bright S.

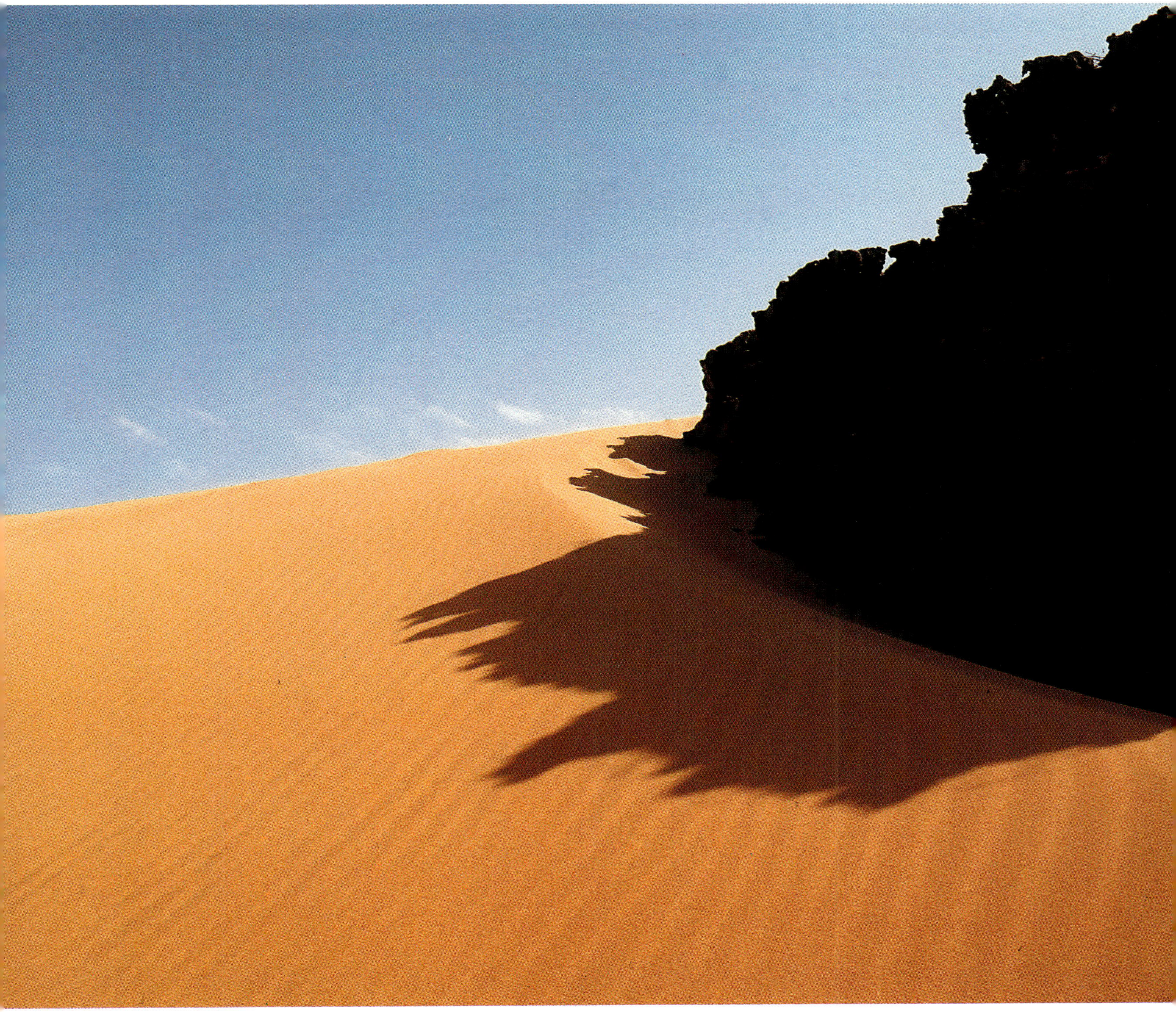

Fluye. Salta. Corre. Forma remansos sombríos, y a veces marcha por cauces de colores alucinantes. Allá arriba, en las montañas, la Madre de Agua protege sus fuentes. País de aguas. De ríos y quebradas que lo recorren como si fuera un gran árbol, y cada uno condujera la savia para hacerlo más verde.

Playa río Valle, Chocó. Pablo Pérez U.

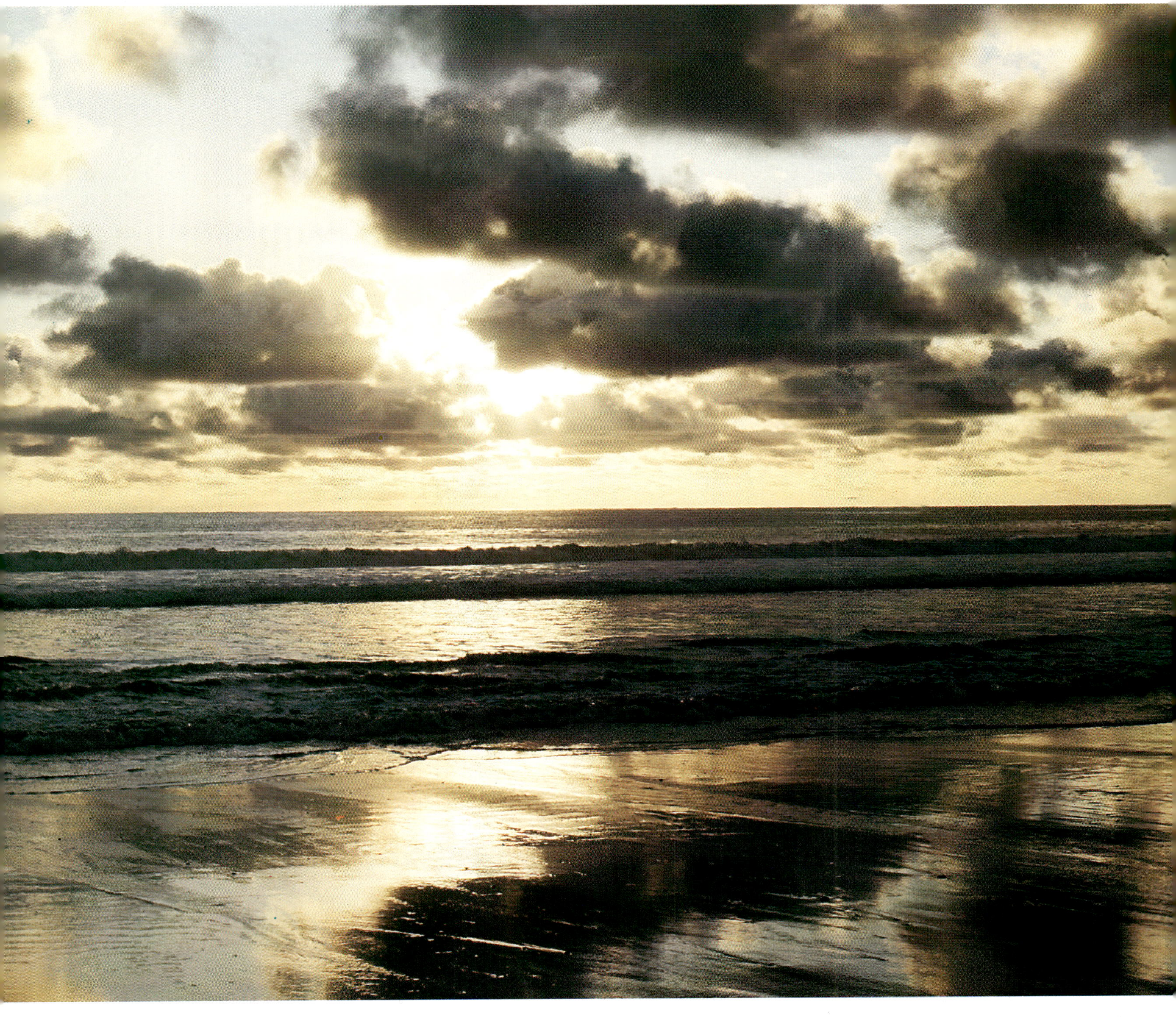

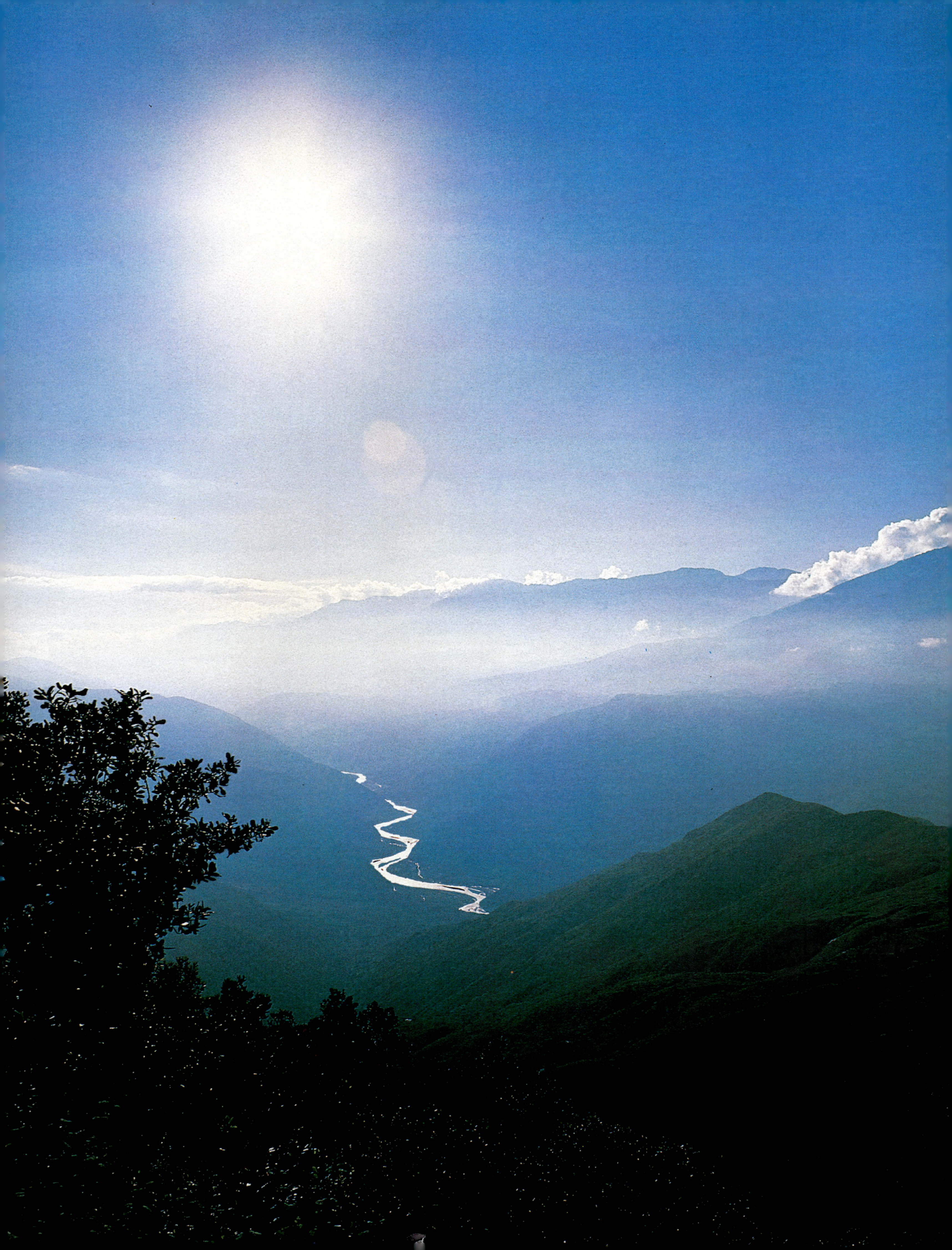

Amazonas. Jairo Osorio G.

◄ Cañón del Chicamocha, Santander. Jaime Balaguera L.

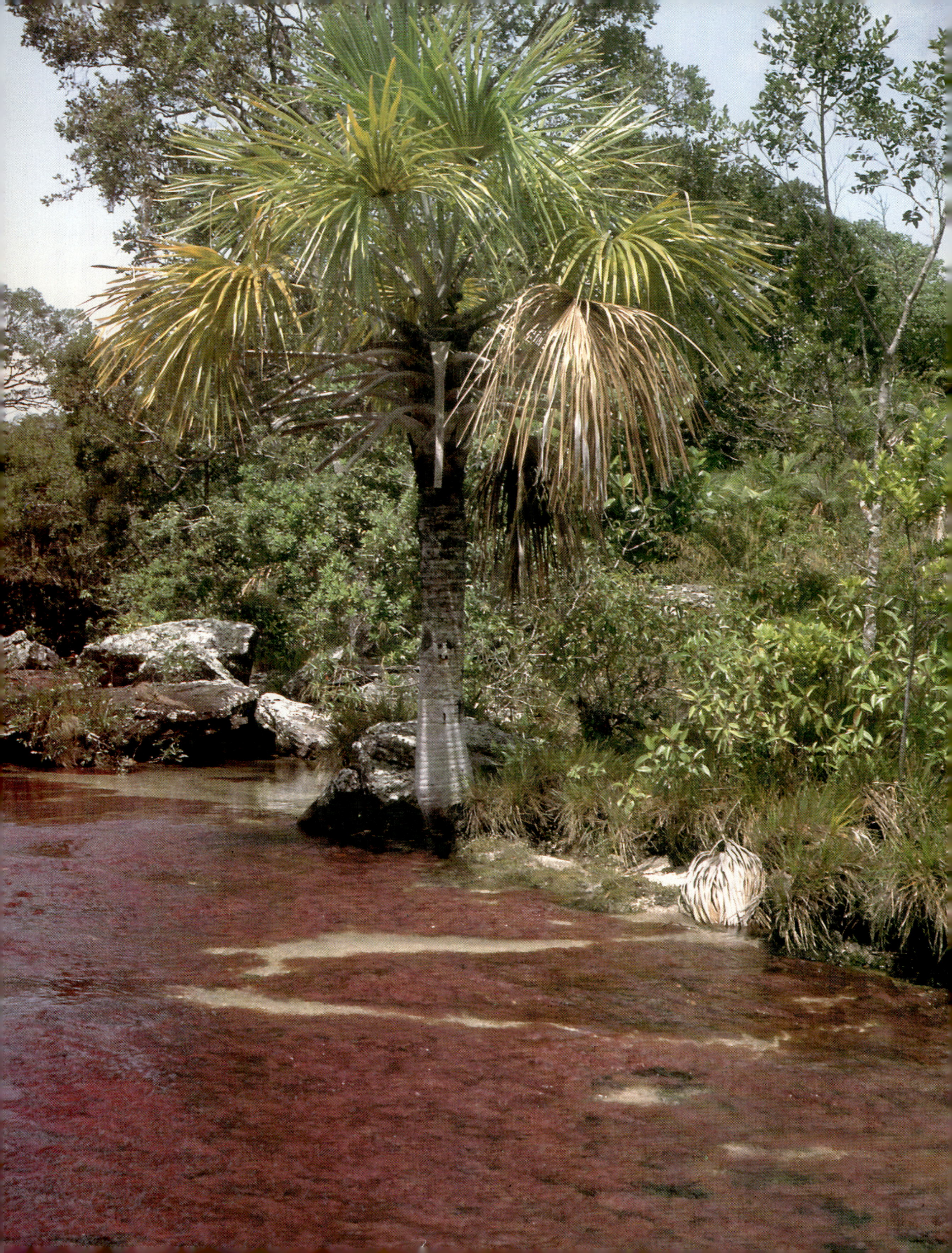

31

Caño Cristales, Meta. Néstor López L.

Caño Cristales, Meta. Leonel D'Cossio

← Caño Cristales, Meta. Néstor López L.

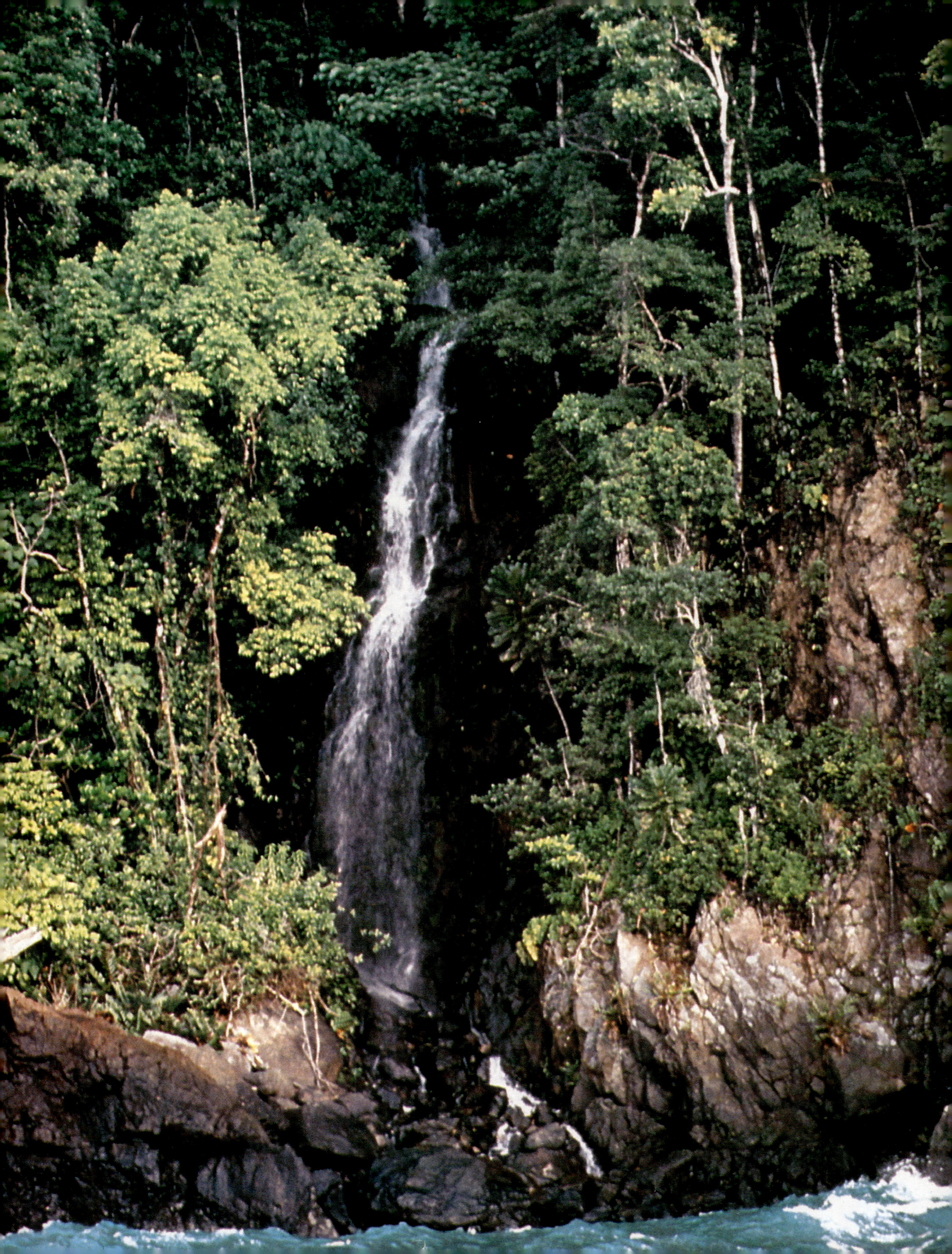

Tequendamita, Antioquia. Gladys E. Vélez M.

Los Chorros. Chingaza, Cundinamarca. Leonel D'Cossio

◄ Isla de Gorgona,
Cauca.
José Antonio Jaramillo P.

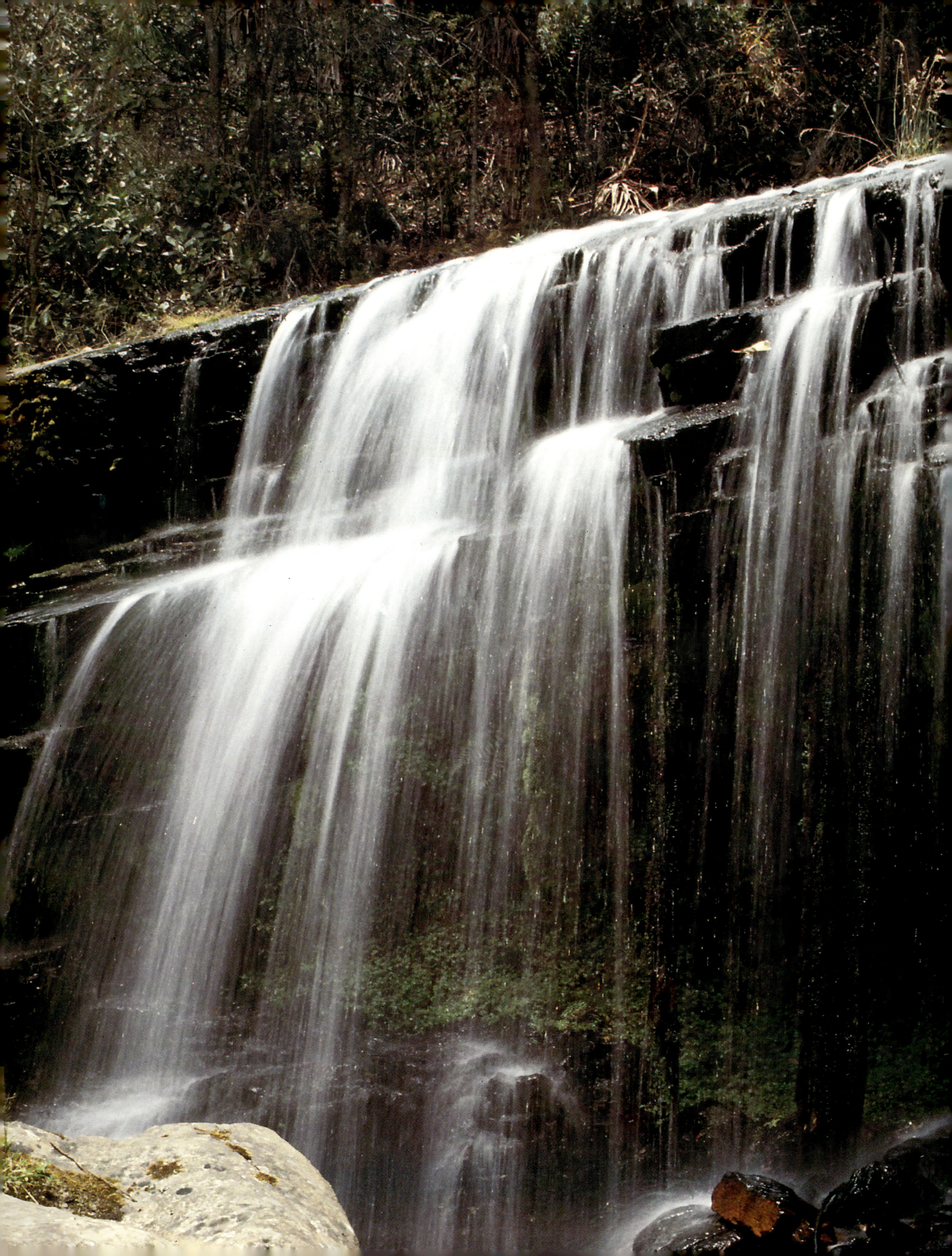

Quebrada La Patiño. Puerto Nare, Antioquia. Gustavo Henriques S.

Represa del Neusa, Cundinamarca. Marta Patricia Cano S.
◄─Cascadas de Angostura, Cundinamarca. Juan Carlos Escobar R.
Parque Tairona, Magdalena. Nicolás Bright S.─►

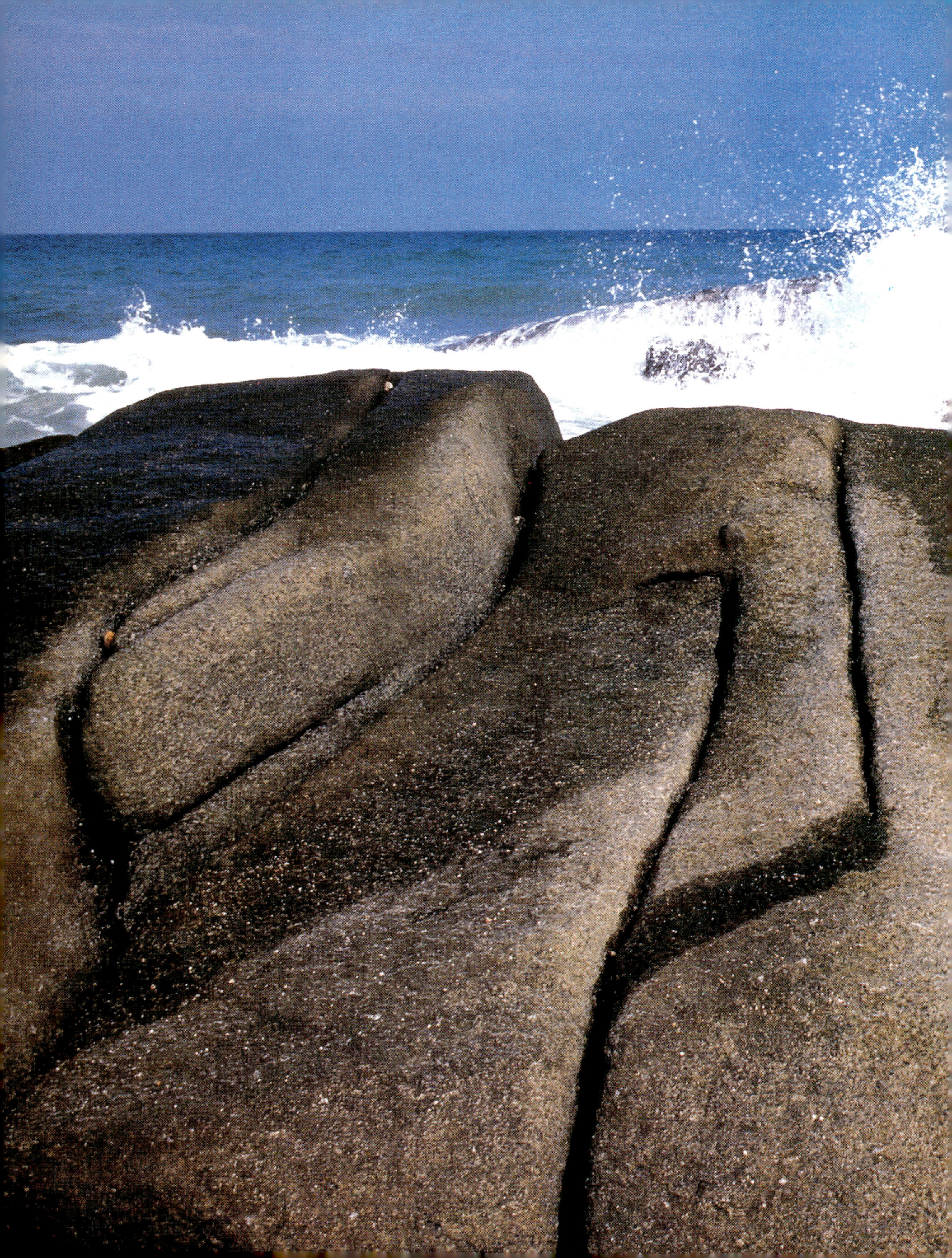

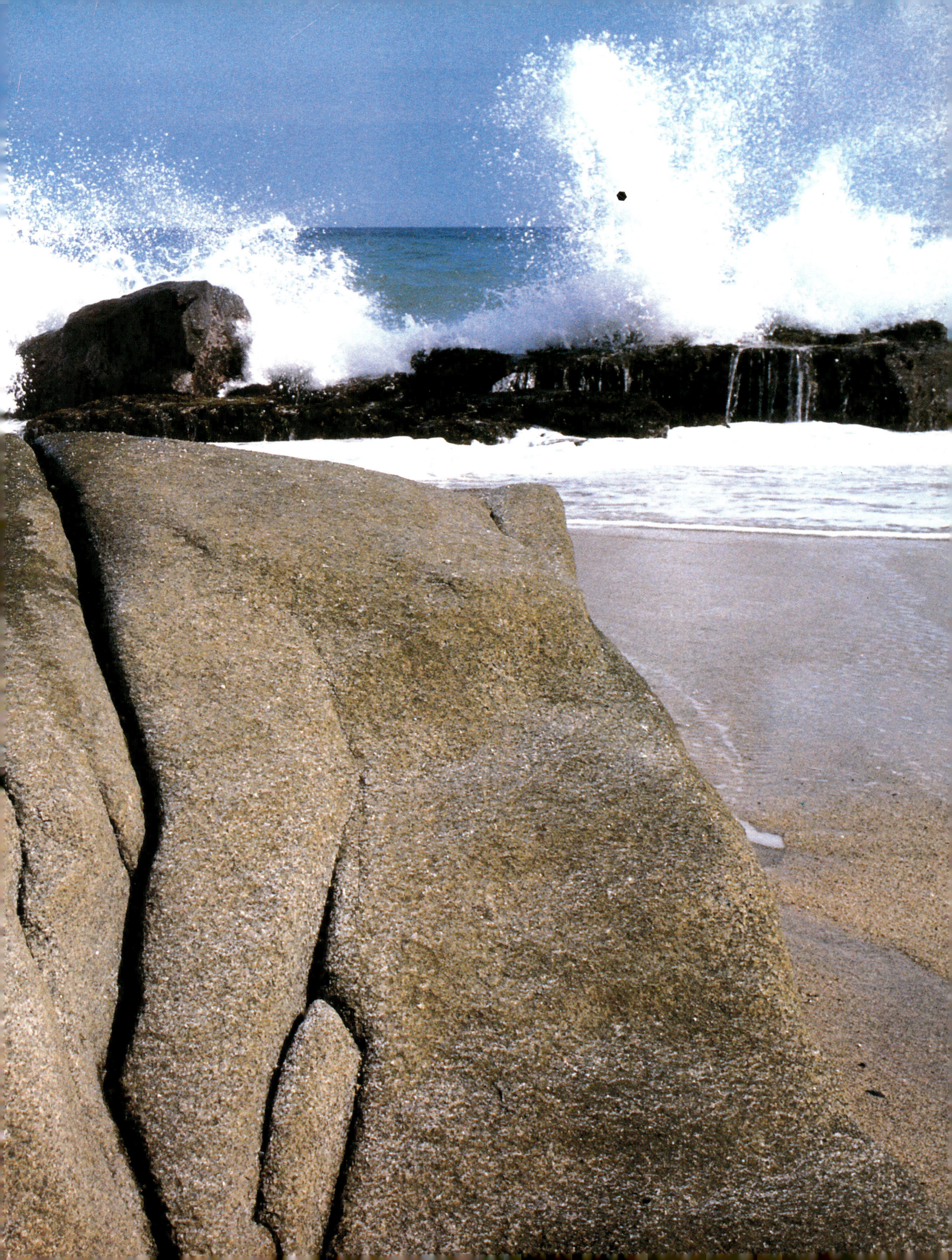

Islote de San Bernardo, Sucre. Jaime Borda M.

Sierra Nevada de Santa Marta. Carlos Humberto Arango B.

Parque Tairona, Magdalena. Nicolás Bright S.

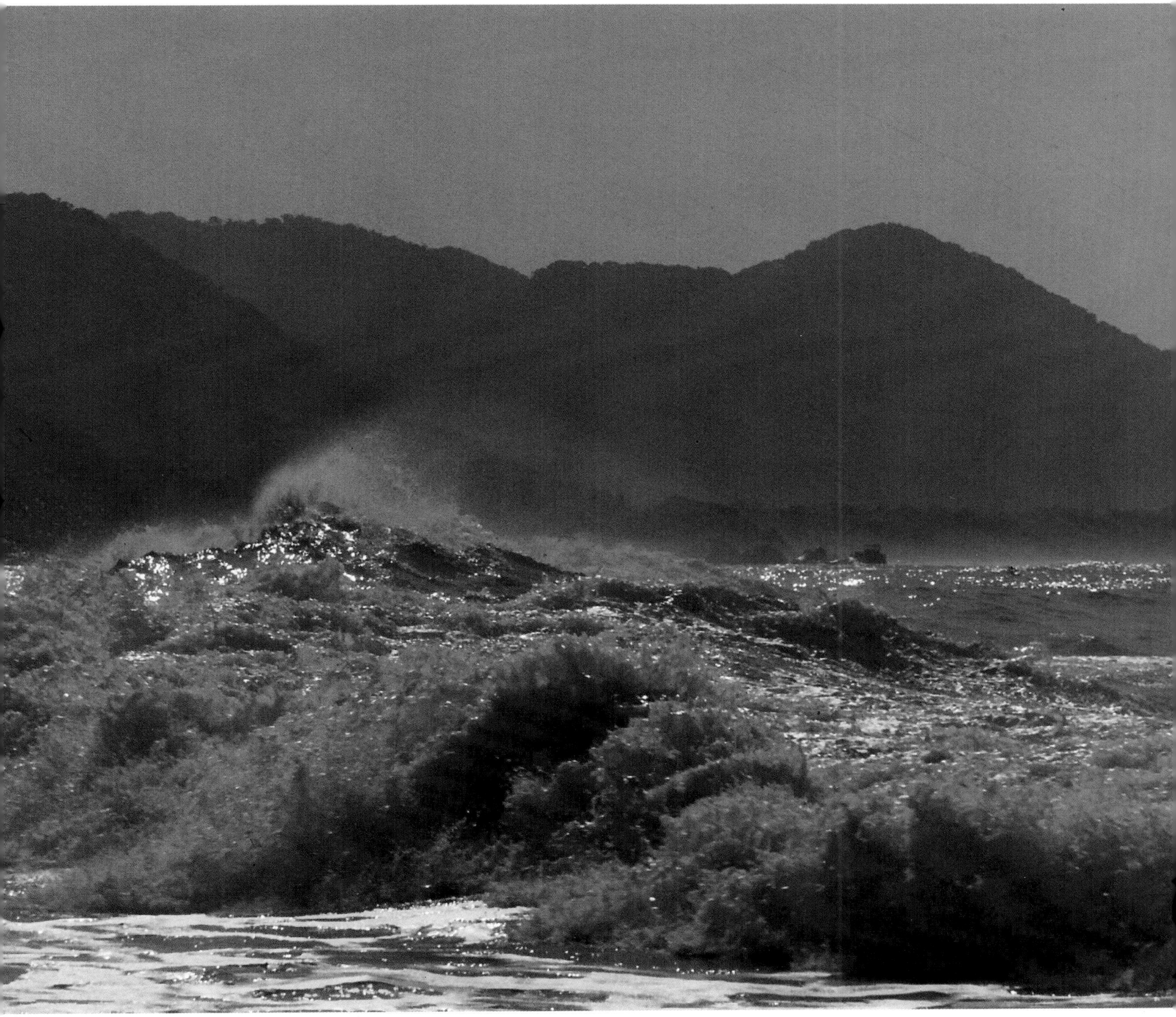

De su tierra brotan sus frutos y sus flores, y entonces la naturaleza se complace en alardes de formas y colores.
De su tierra brota el café, que lleva el aroma de Colombia por el mundo entero. Su alma verdadera está en la tierra, y en la generosidad de las semillas.

Desierto de La Guajira. José Miguel Gómez M.

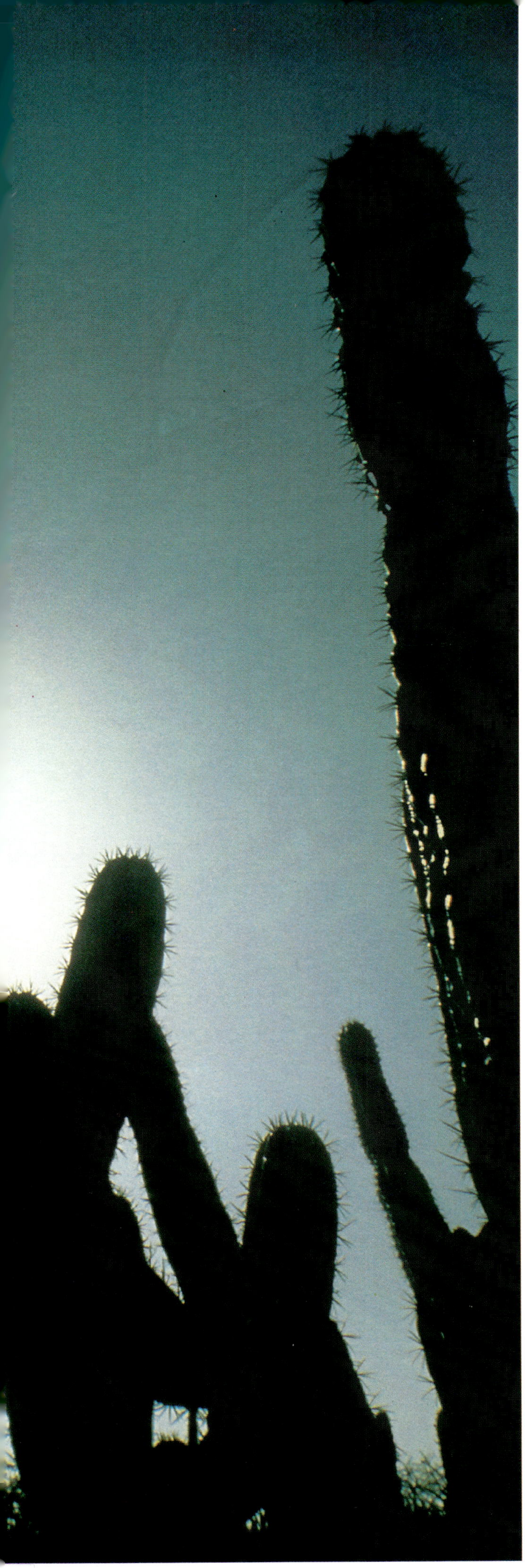

Sierra del Perijá, Cesar. Laurence Marie Mouchez

Rionegro, Antioquia. Jaime Osorio G.

Región cafetera de Caldas. John Missas R.

Suba, Cundinamarca. Jorge A. Martínez Q.

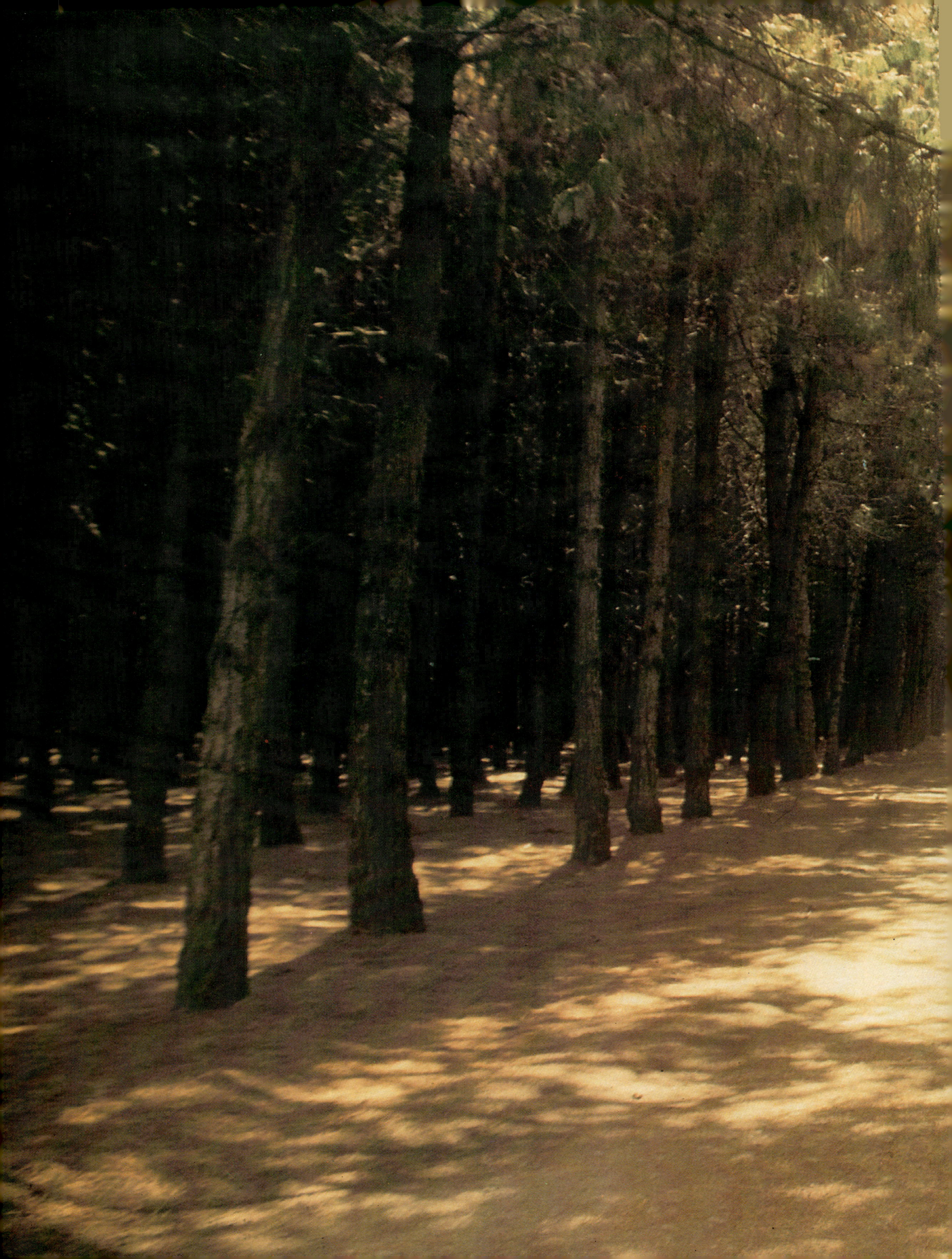

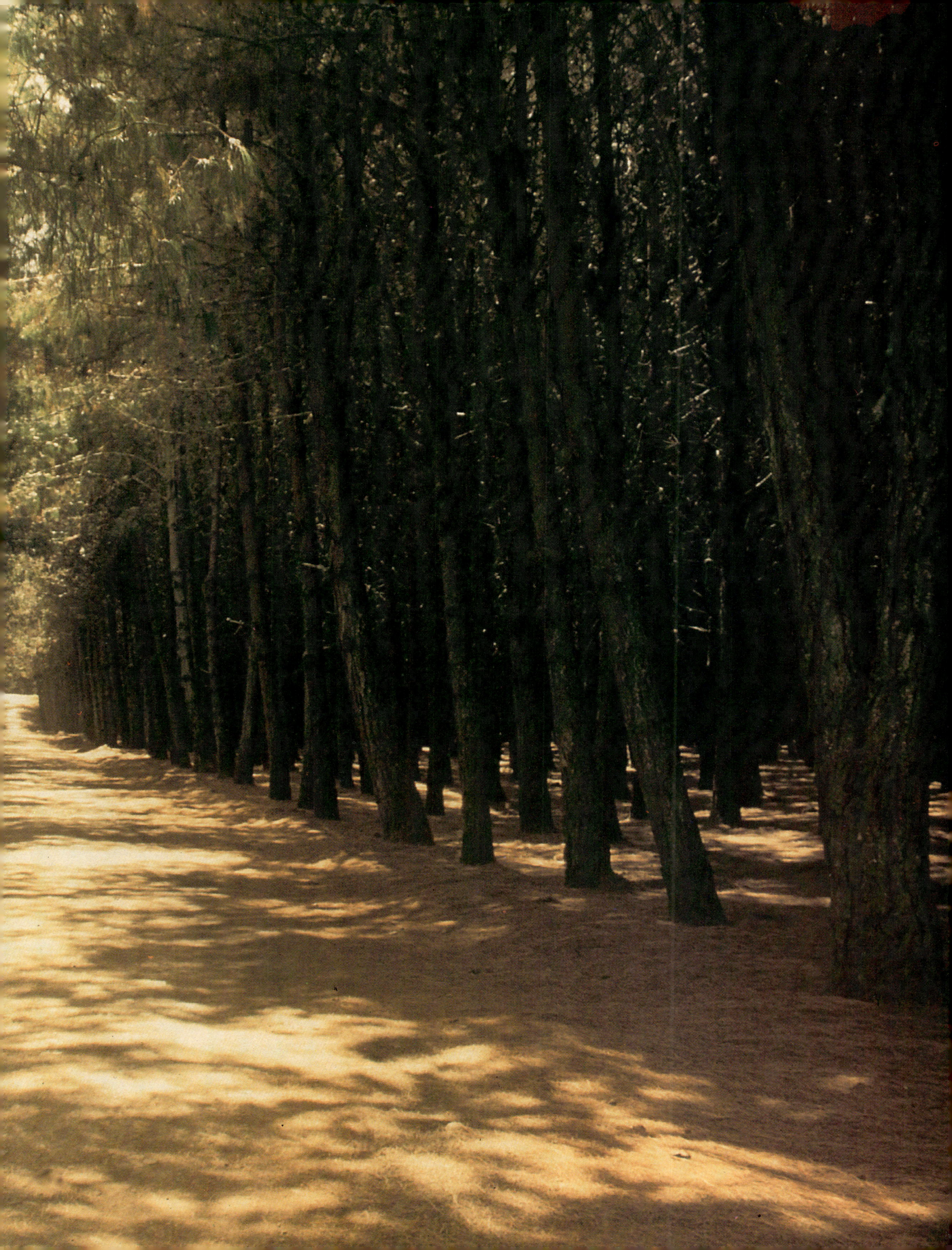

46

Represa del Neusa, Cundinamarca. Luis Alfredo Cortés C.

◄ Represa del Neusa, Cundinamarca. Marta L. Castro N.

Río Córdoba, Sierra Nevada de Santa Marta. Nelson Hernán Pinilla M.

Páramo de Chisacá, Cundinamarca. Diana Vanegas C.

Río Guachaca, Sierra Nevada de Santa Marta. Nelson Hernán Pinilla M.

Jardín Botánico. Santafé de Bogotá, Cundinamarca. Gerardo Botero G.

Boyacá. Cecilia Posada D.

Parque Natural de los Katíos, Chocó. Nelson Hernán

Pinilla M.

Si de repente los hombres hicieran silencio, Colombia sería de nuevo una algarabía de trinos y silbidos. Desde la selva croarían las ranas, y se escucharía el arrullo de amor de las iguanas.

El Valle, Chocó. Andreas Gaigl

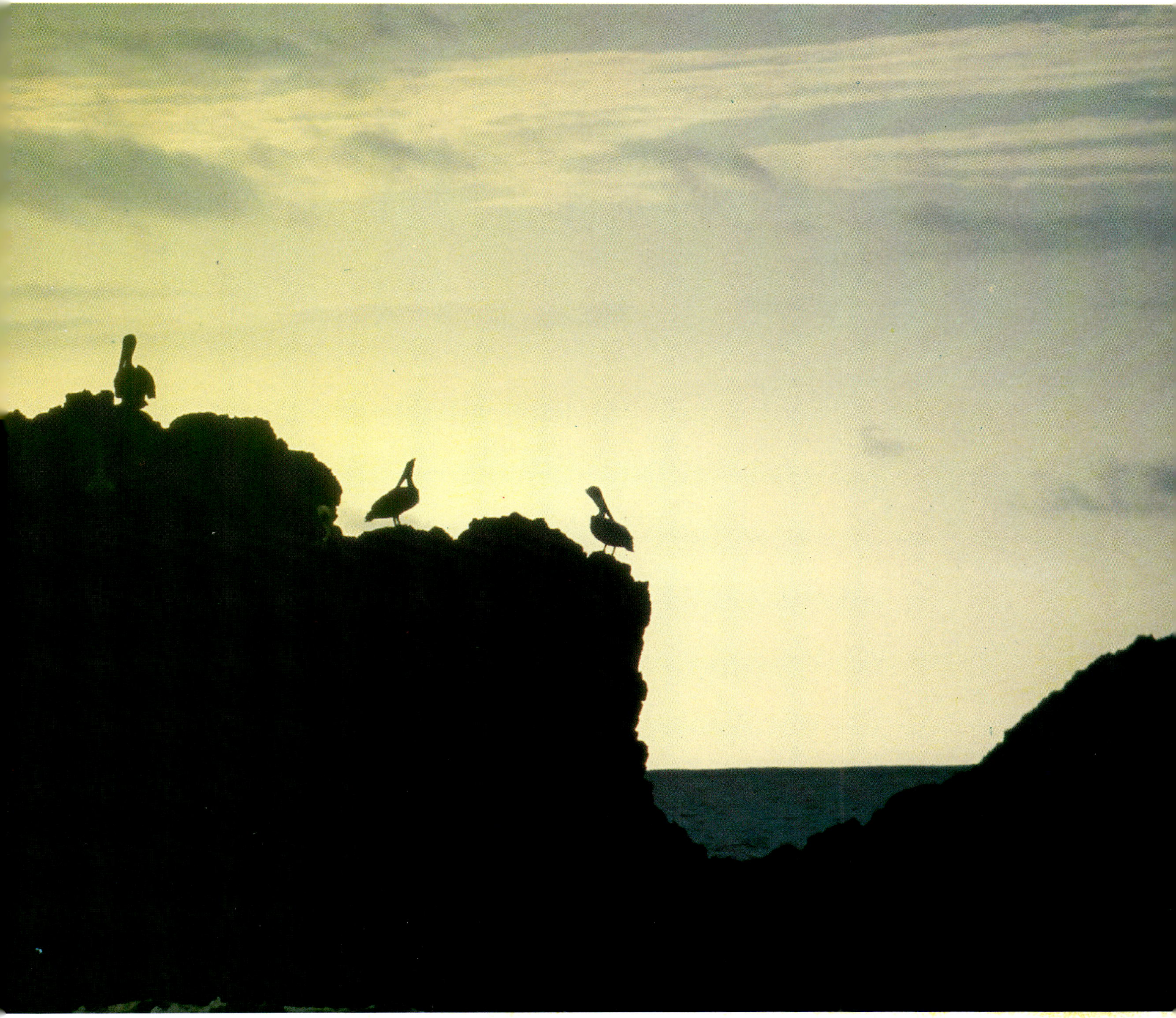

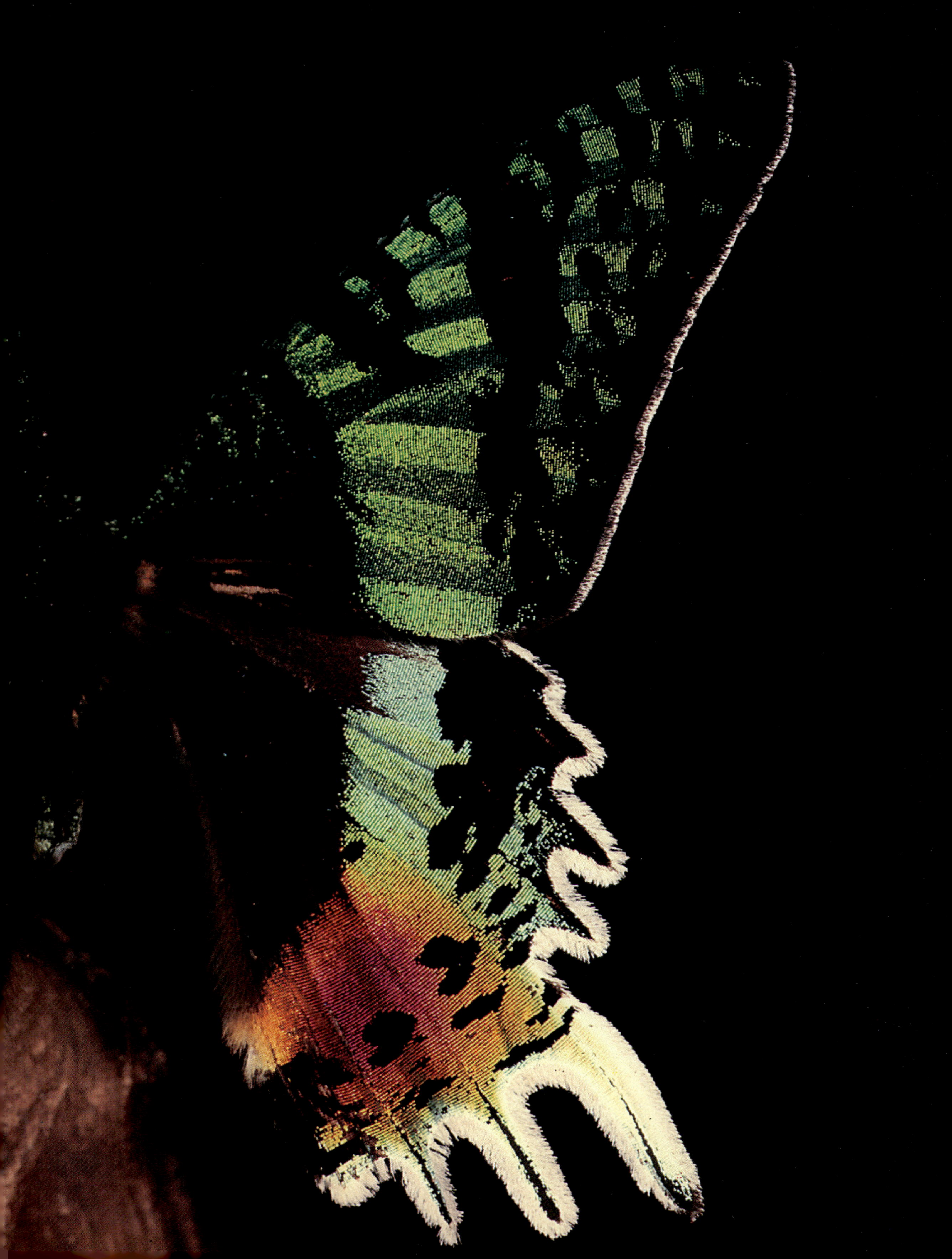

Caño Limón, Arauca. Thomas McNish M.

◄ Cerritos, Risaralda. Humberto Trujillo M.

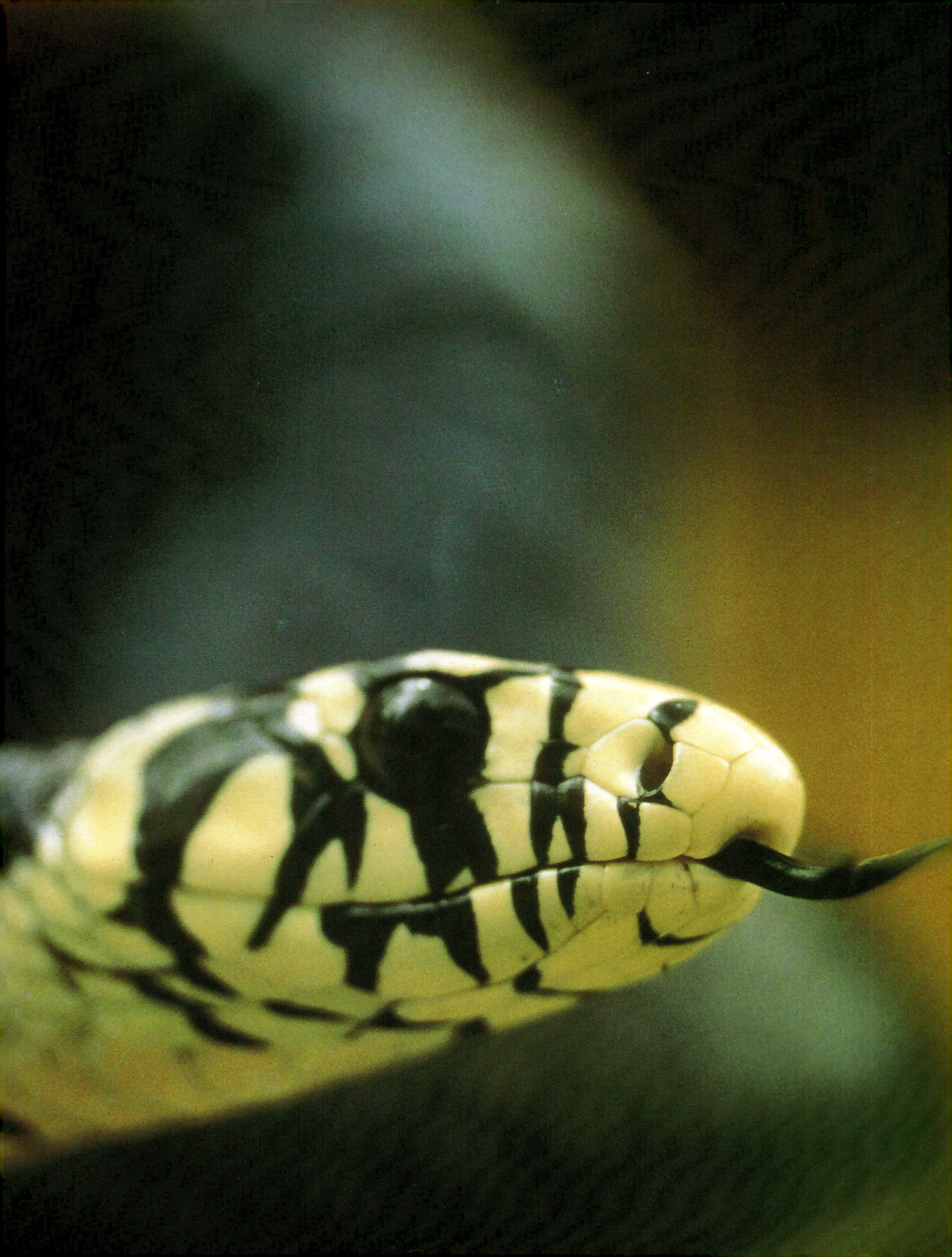

Caño Limón, Arauca. Thomas McNish M.

Caño Limón, Arauca. Thomas McNish M.
◄─ Tagua, Sierra Nevada de Santa Marta. Nelson Hernán Pinilla M.

Caño Limón, Arauca. Thomas McNish M.

Sierra Nevada de Santa Marta. Nelson Hernán Pinilla M.

Arauca. Rafael Prieto S.

Caño Limón, Arauca. Thomas McNish M.

Caño Limón, Arauca. Thomas McNish M.

Melgar, Tolima. Jorge A. Martínez Q.

Caño Limón, Arauca. Thomas McNish M.

Ubaté, Cundinamarca. Alex Ricardo Espejo R.

Buritaca. Parque Natural Tairona, Magdalena. Jorge Eliécer Contreras L. ➤

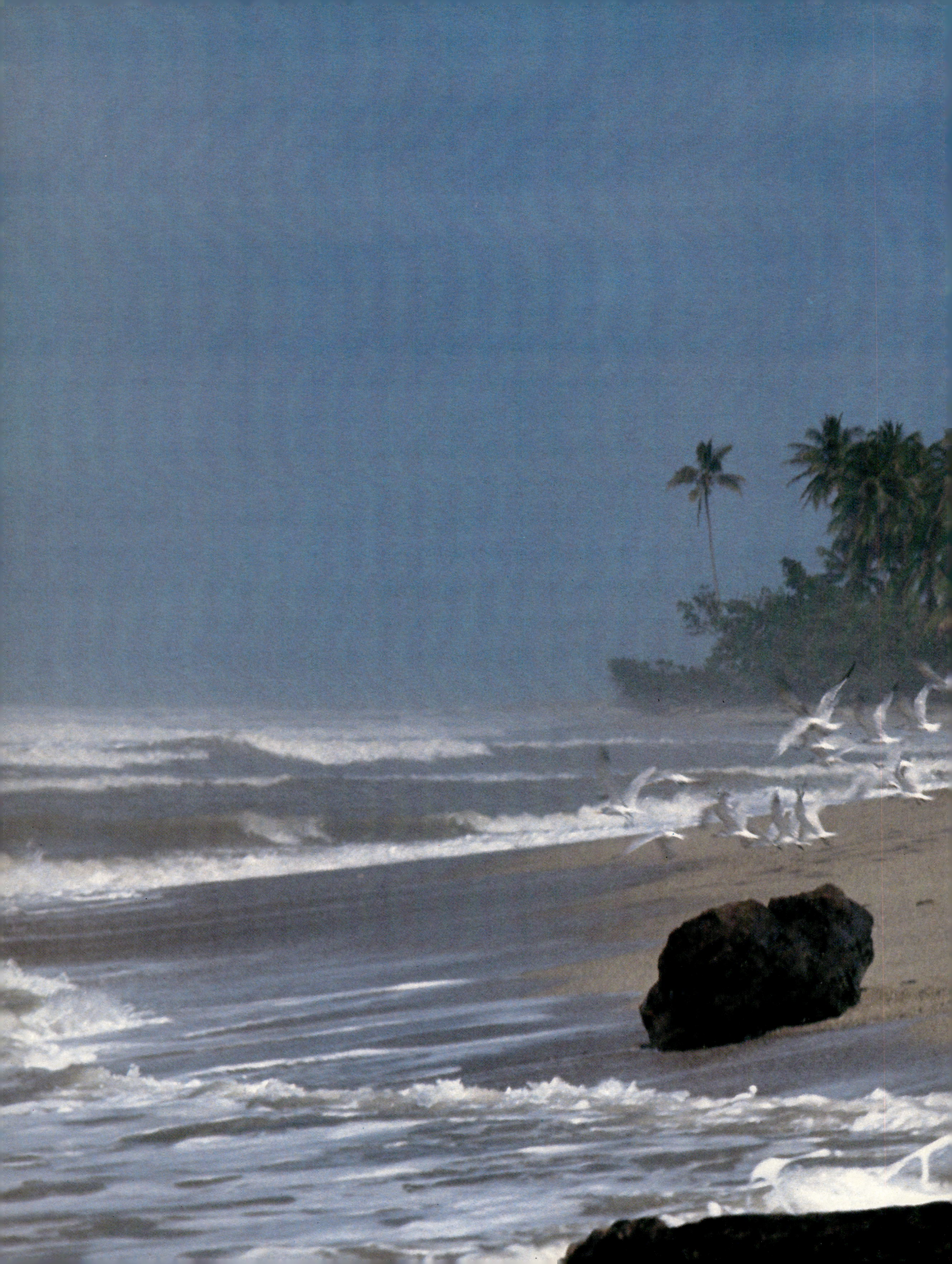

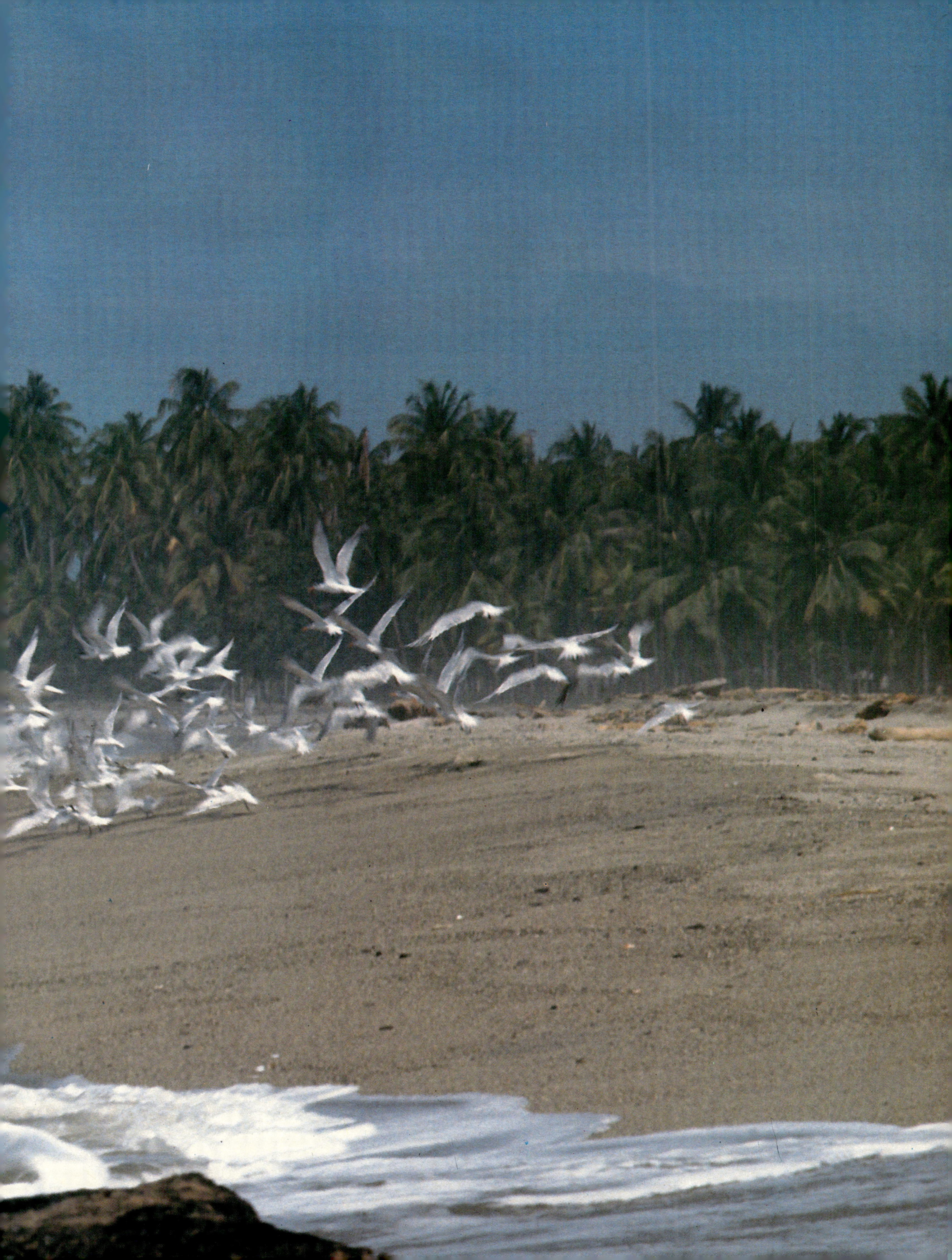

Acuario de Santa Marta, Magdalena. Oscar Contreras B.

Islas del Rosario, Cartagena. Jaime Osorio G.

Gorgona, Cauca. Juan Diego López G.

Vereda El Congo, Sierra Nevada de Santa Marta. Nelson Hernán Pinilla M.

Ayapel, Córdoba. Carmen Posada de P.

Cómbita, Boyacá. Henry Mariño L.

Sabana de Bogotá, Cundinamarca. Nicolás Bright S.

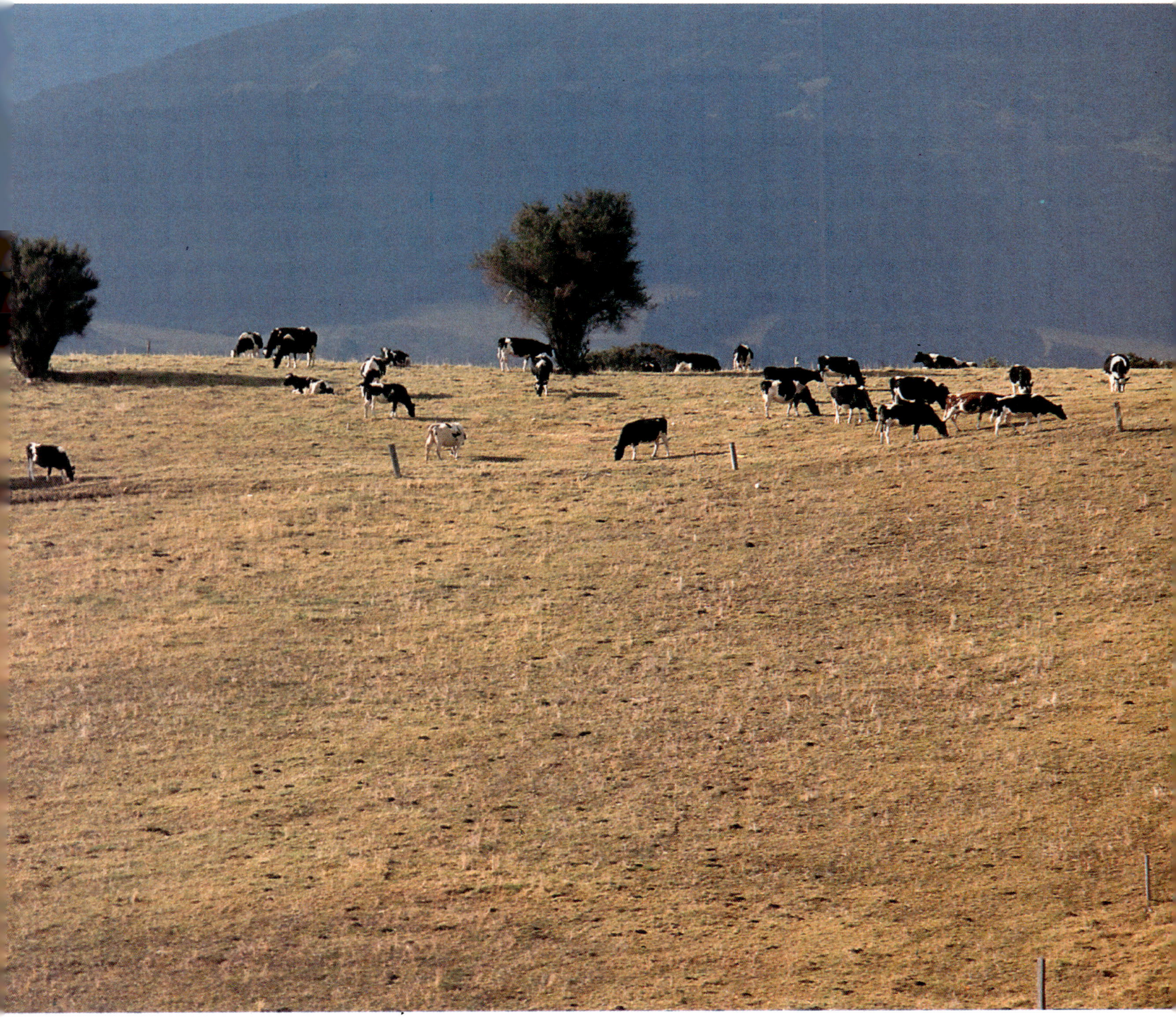

Ellos son los compañeros de la tierra. En los pliegues de la montaña o junto al mar, los campesinos conocen sus secretos. Con paciencia centenaria la acarician, y la obligan a florecer.

Parque Natural Tairona, Magdalena. Cristina Vélez J.

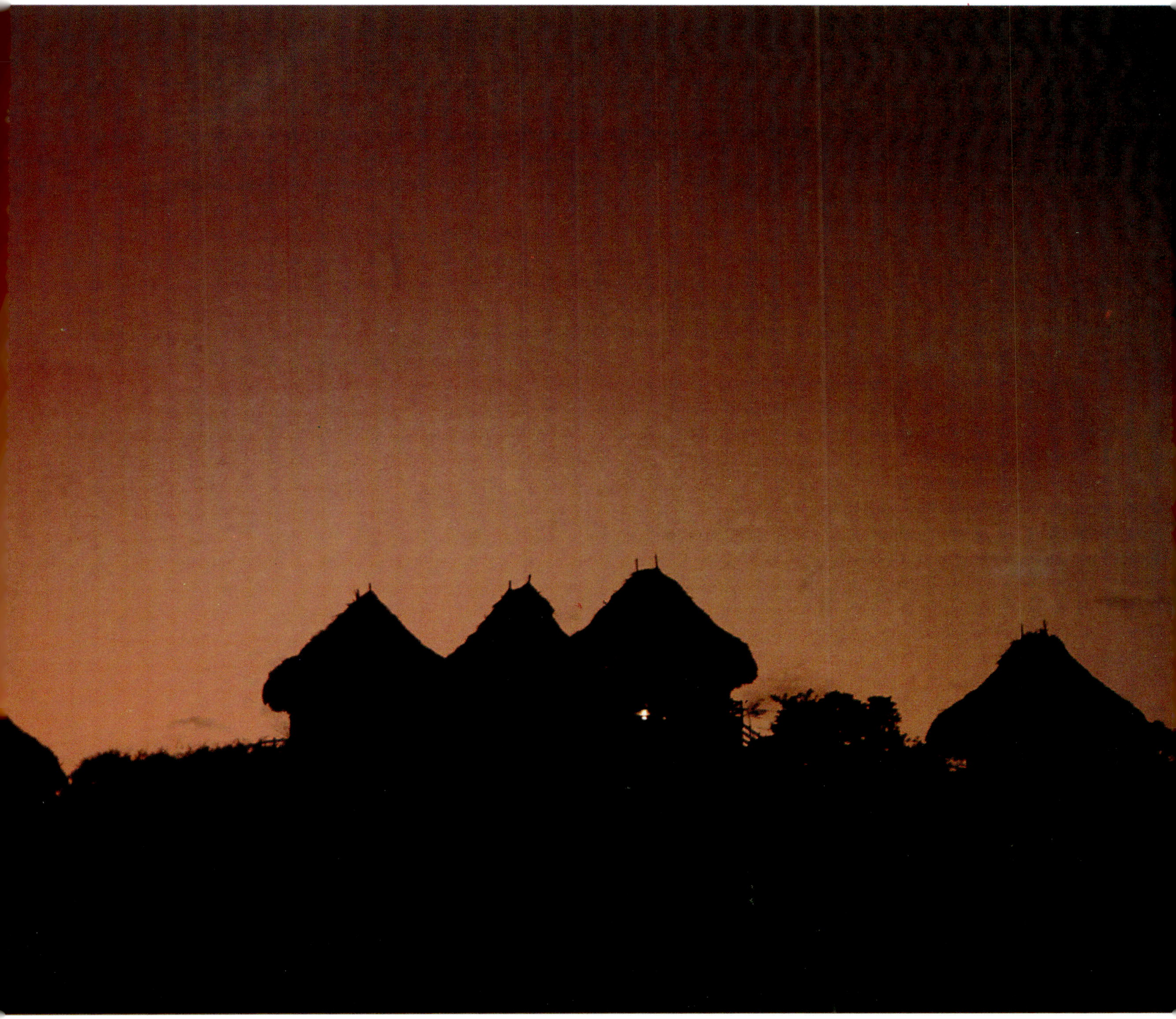

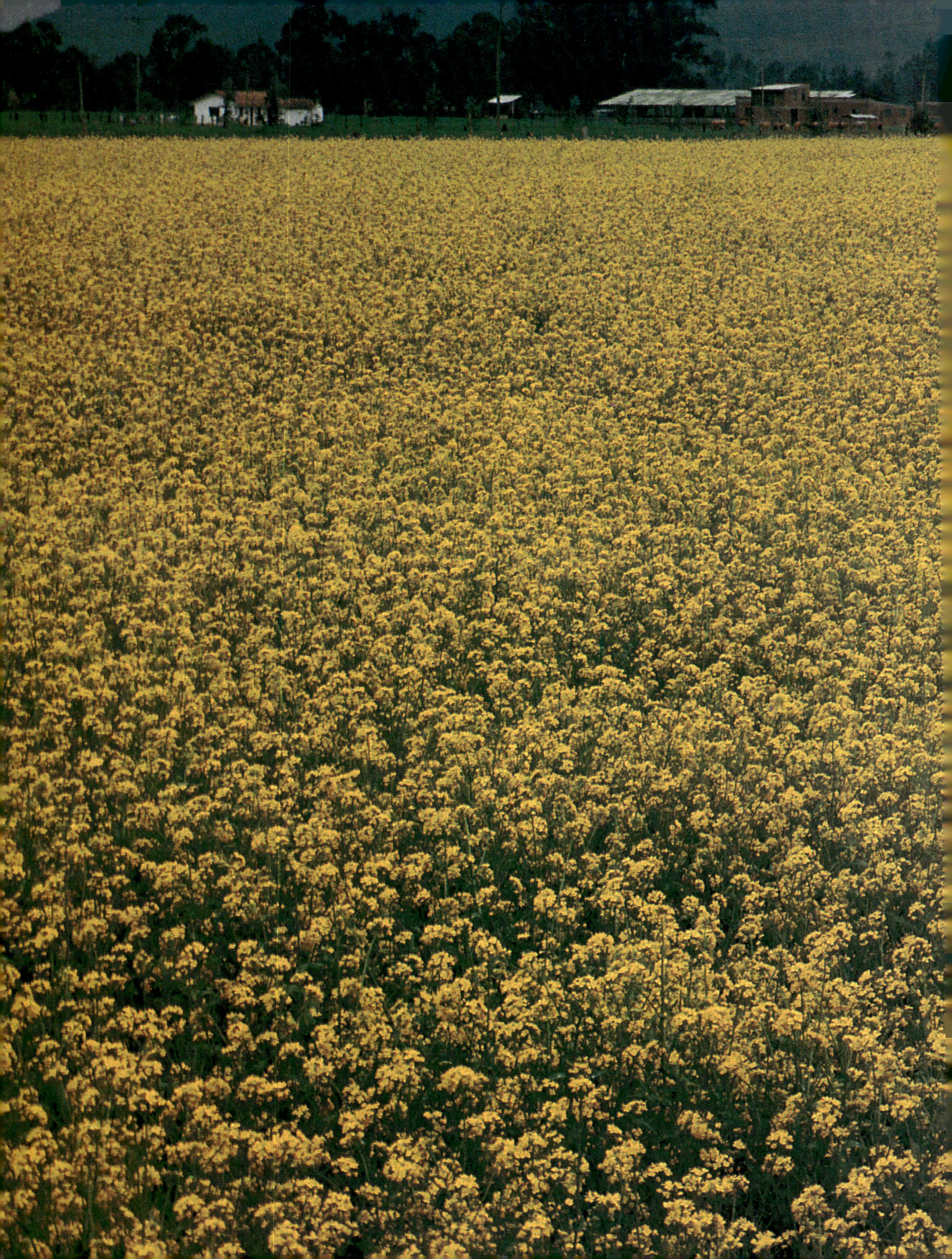

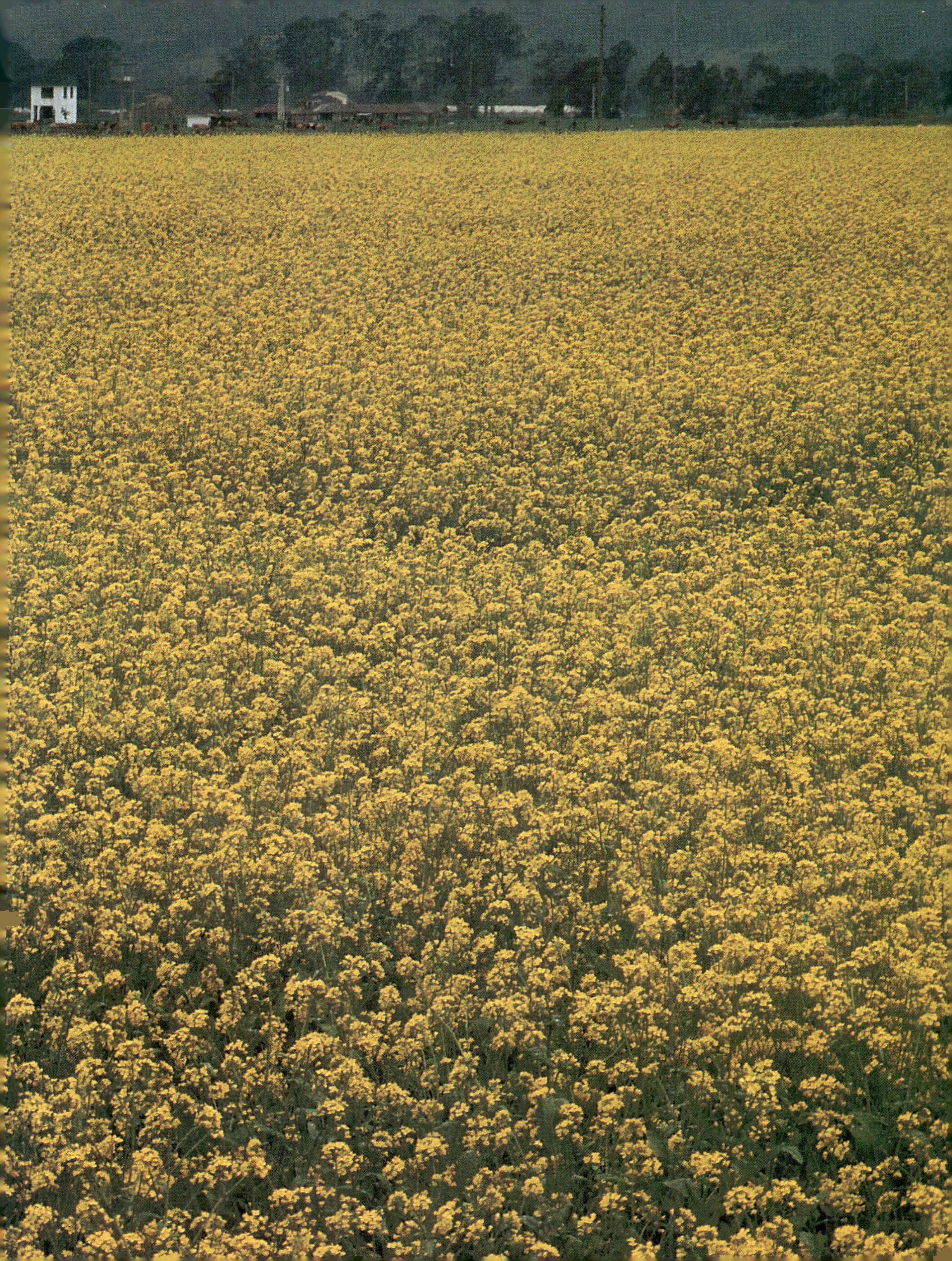

Mariquita, Tolima. Germán Tabares G.

←Zipaquirá, Cundinamarca. Héctor Wiesner G.

Suesca, Cundinamarca. Luis Alfredo Cortés C.

La Tebaida, Quindío. Gerardo Botero G.

Carretera a Santa Fe de Antioquia, Antioquia. Carlos Rafael Giraldo G.

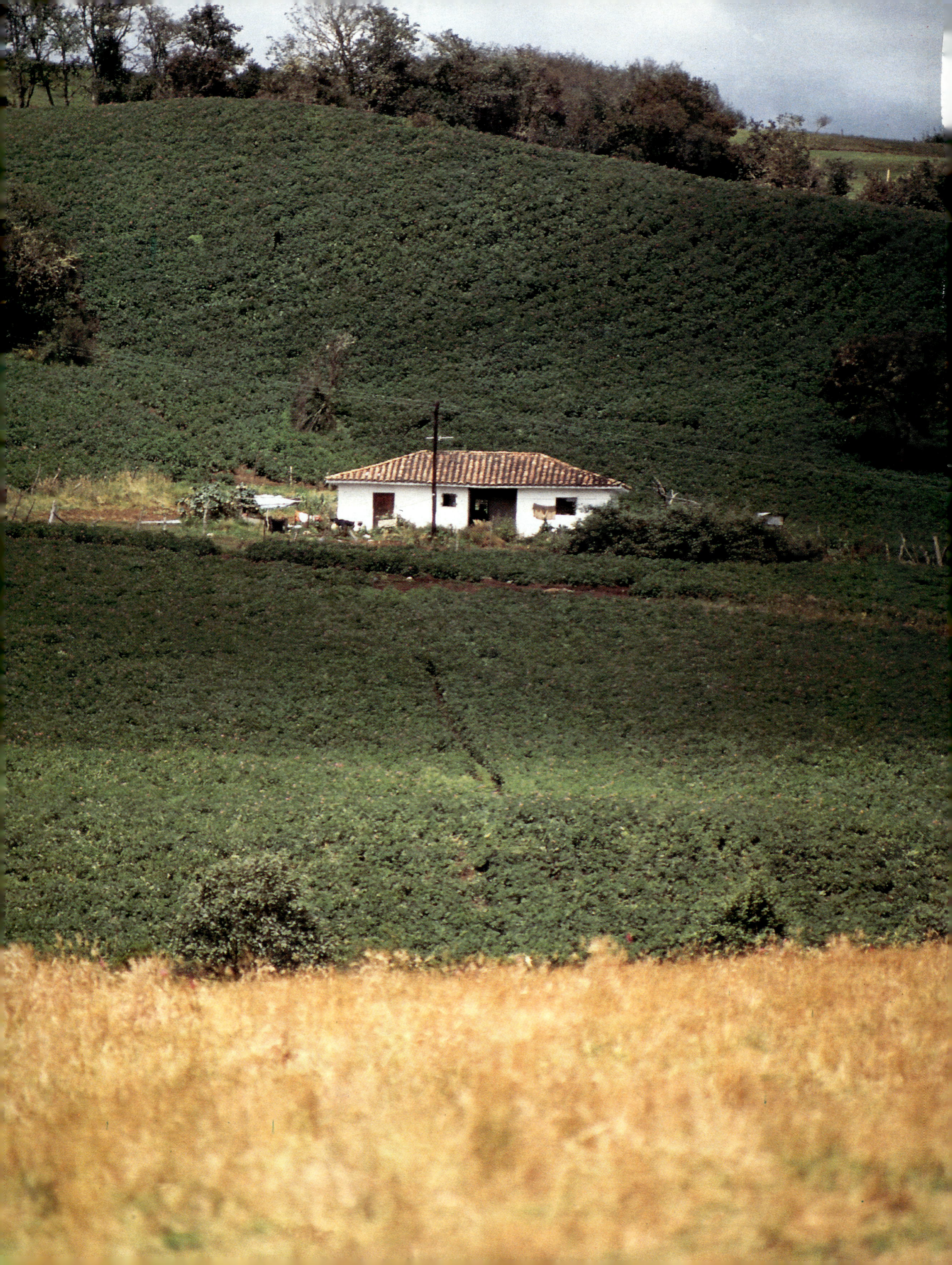

Villa de Leyva, Boyacá. Luis Fernando Mesa S.

Cómbita, Boyacá. Henry Mariño L.
◀ Guatavita, Cundinamarca. Jorge Alberto Martínez Q.

Naruamaque, Cesar. Leonel D'Cossio

El Guaico. Abejorral, Antioquia. Gildardo Gutiérrez T.

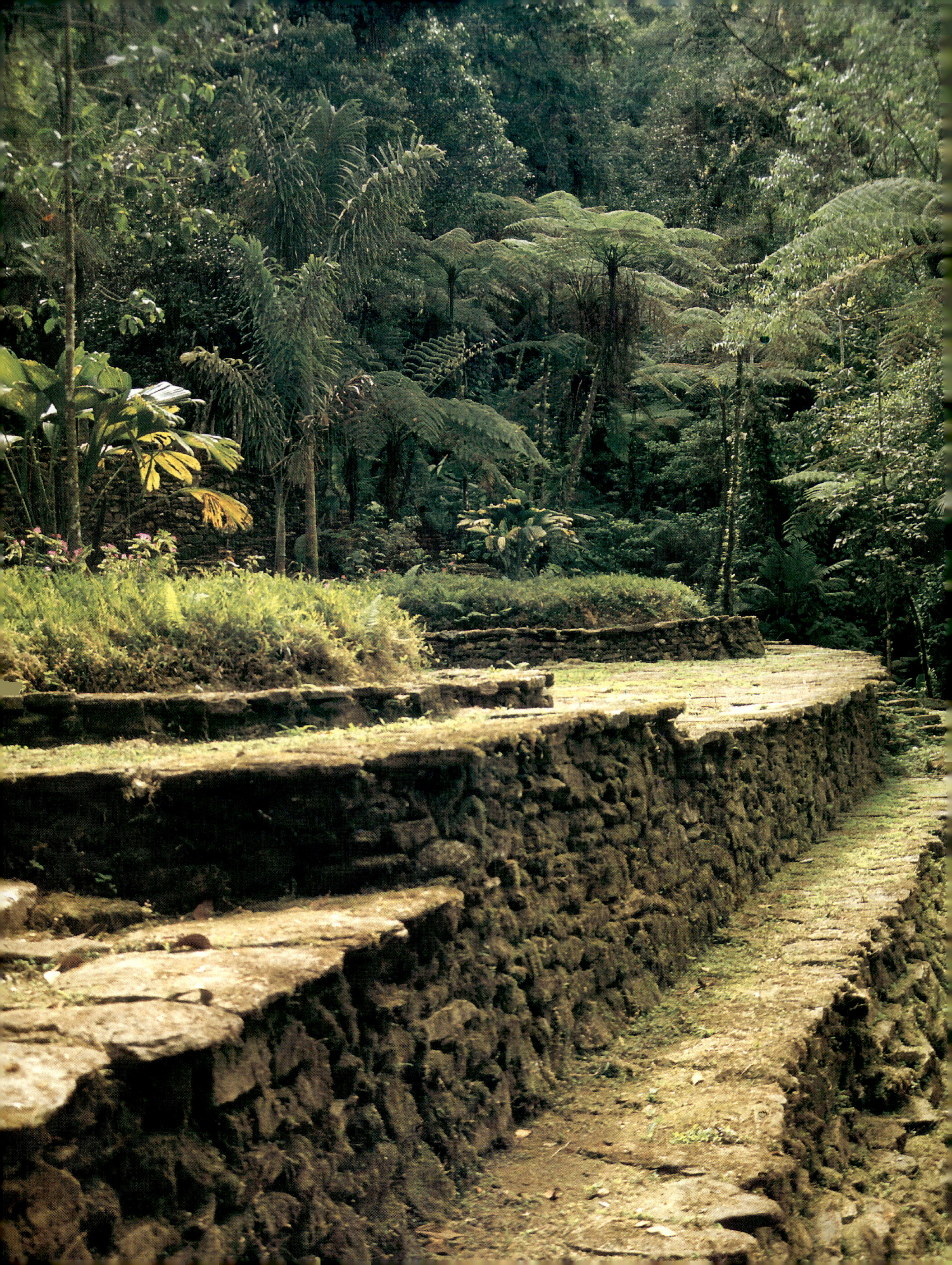

Parque El Gallineral, Santander. Leonel D'Cossio

◄ Alto río Buritaca, Sierra Nevada de Santa Marta. Nelson Hernán Pinilla M.

Vinieron de España, a abrir un mundo nuevo.
Pero se les enredó la nostalgia de los pueblitos de
Granada, de Castilla y de Andalucía.
Por eso primero enmarcaron la plaza, y levantaron
la iglesia. Luego trazaron las calles, y las llenaron
de balcones, de portones y de ventanas floridas.

Catedral de La Gran Colombia. Villa del Rosario, Norte

de Santander. Rafael Arturo Prieto S.

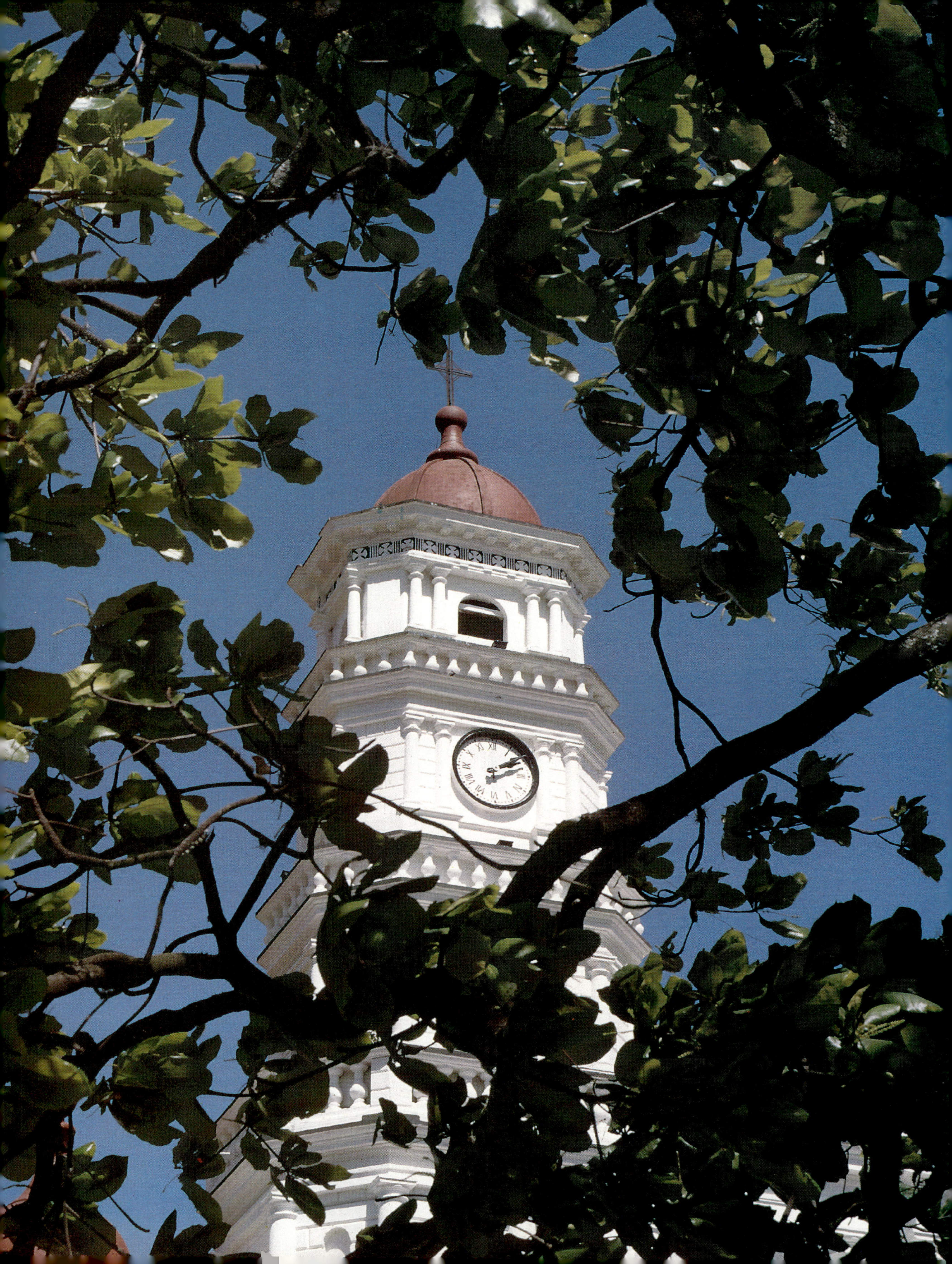

Girón, Santander. Buena Imagen

Basílica Menor de Ubaté, Cundinamarca. Alex Ricardo Espejo R.

◄ Envigado,
Antioquia.
Diego Arango B.

Girón, Santander. Buena Imagen

Popayán, Cauca. Buena Imagen

Popayán, Cauca. Buena Imagen

Villa de Leyva, Boyacá. Henry Mariño L.

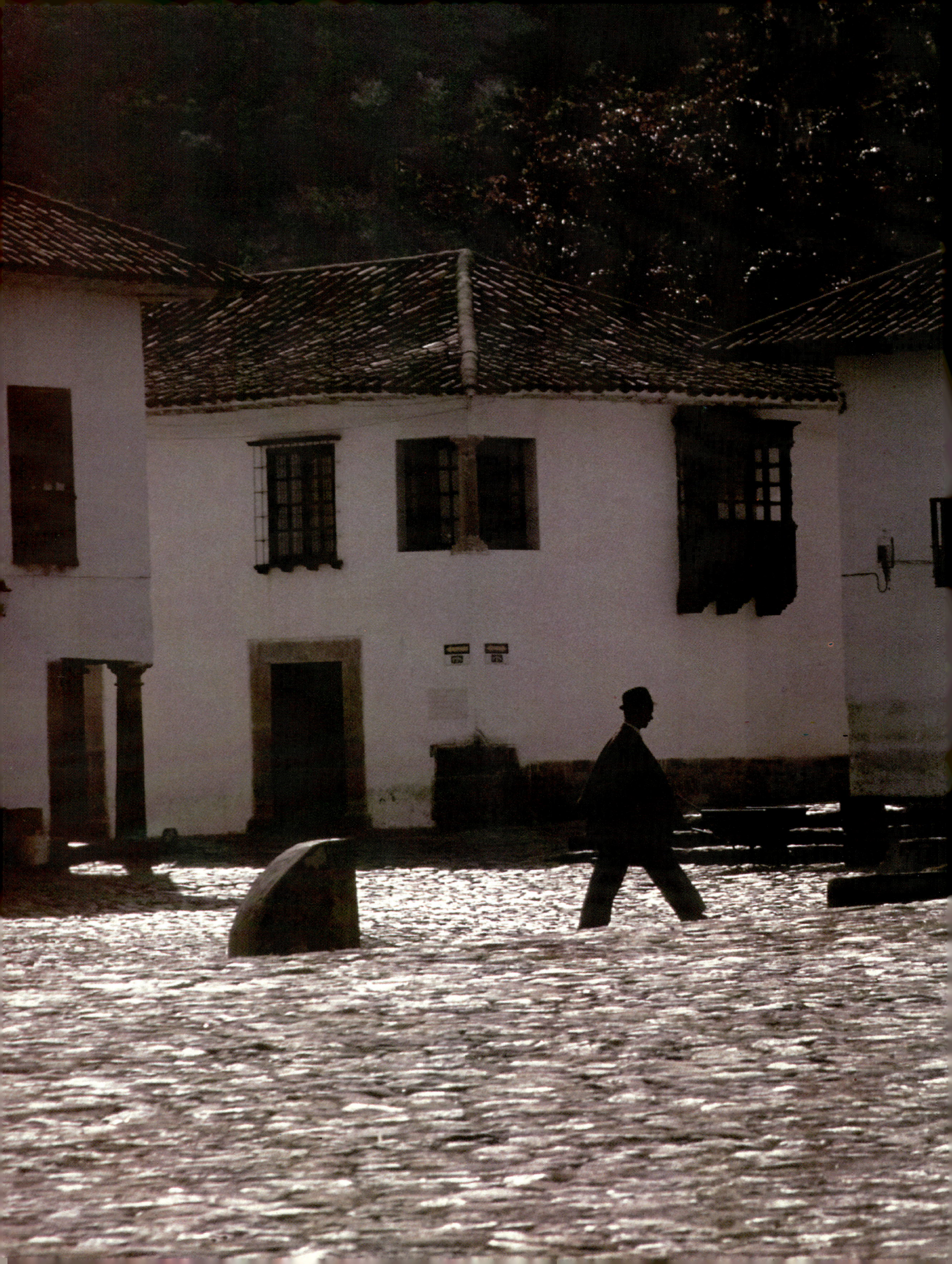

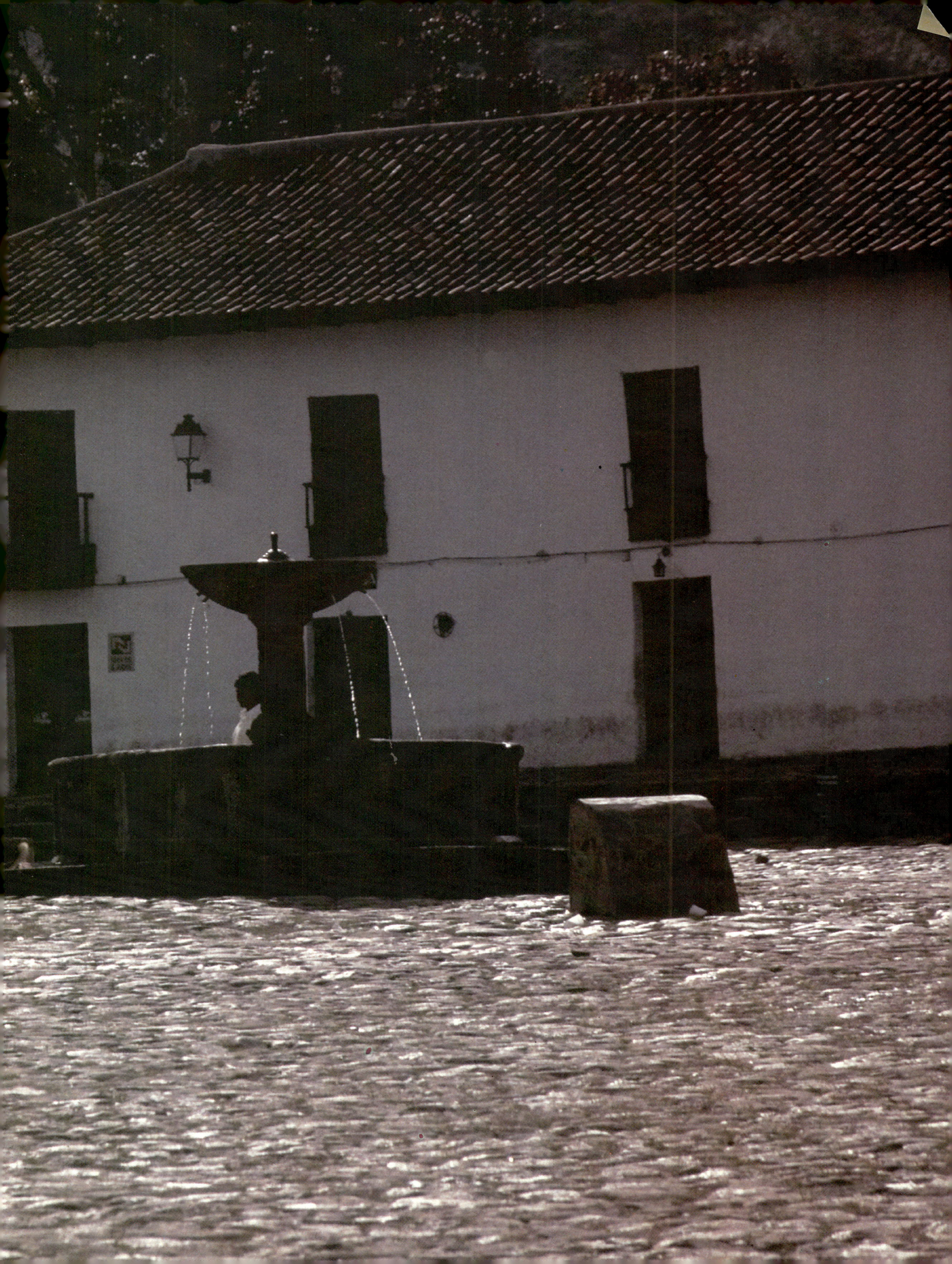

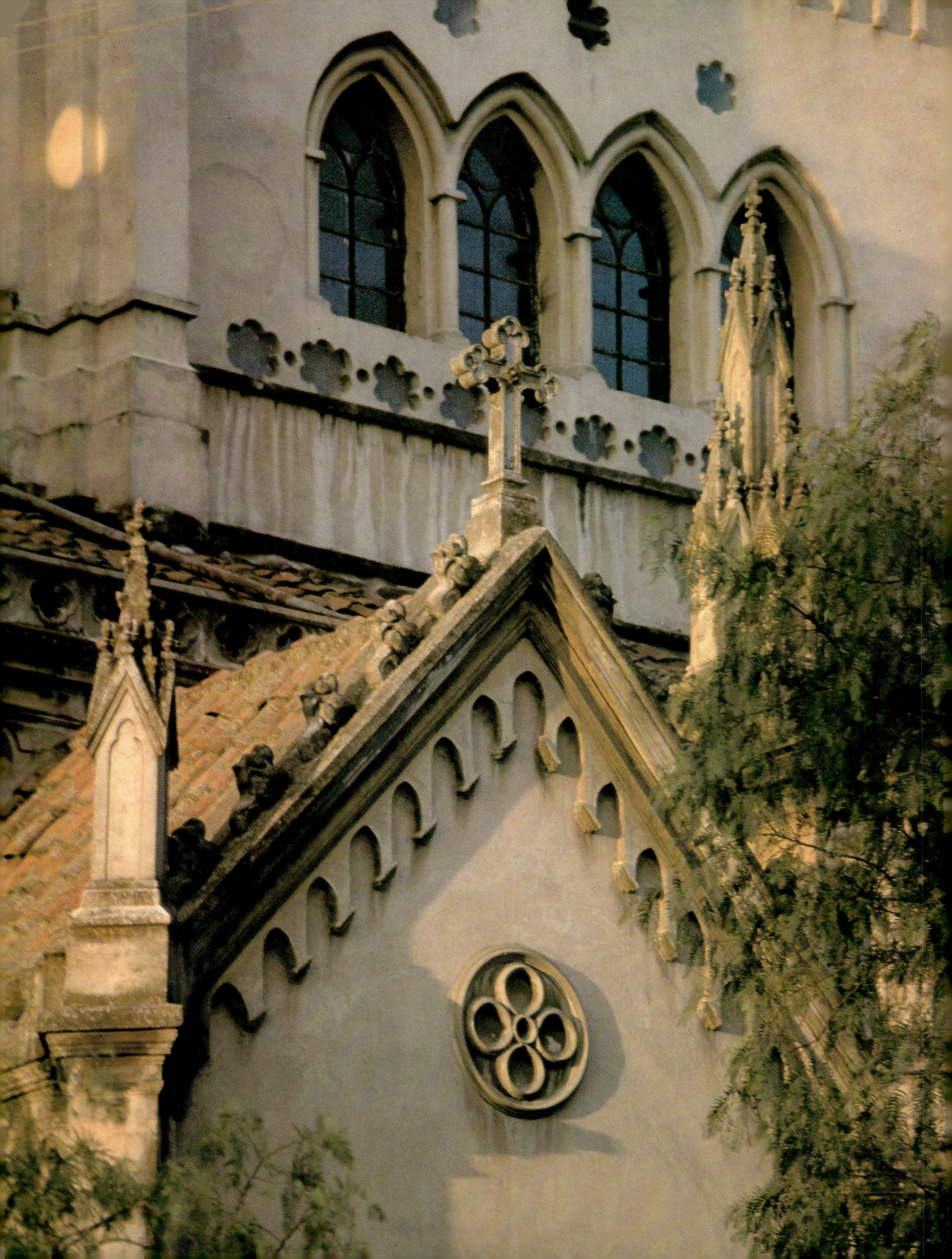

Iglesia del Carmen. Villa de Leyva, Boyacá. Henry Mariño L.

Iglesia de Lourdes. Santafé de Bogotá, Cundinamarca. Luis Alfredo Cortés C.

◄ Iglesia de Lourdes. Santafé de Bogotá, Cundinamarca. Carlos A. Arango G.

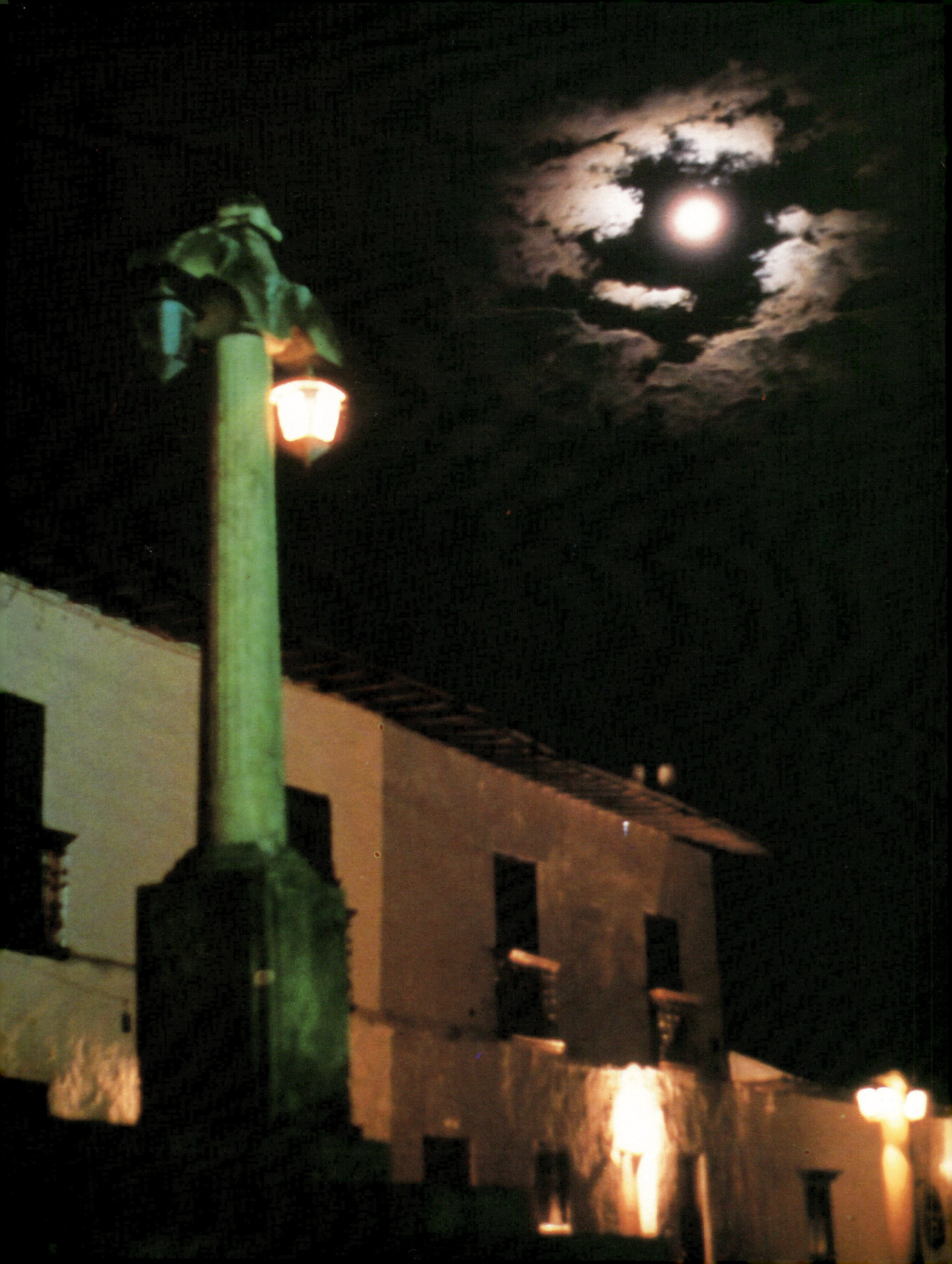

89

San Andrés. Nora Elena Múnera J.

Manizales, Caldas. John Missas R.

◄ Barichara, Santander.
Silvia Alfaro C.
Monumento a Bolívar.

Quinta de San Pedro Alejandrino. Santa Marta, Magdalena. Fernando Acosta

Taganga, Magdalena. Luis Alfredo Cortés C.

Mompox, Bolívar. Buena Imagen

Cartagena, Bolívar. Buena Imagen

Cartagena, Bolívar. Buena Imagen.

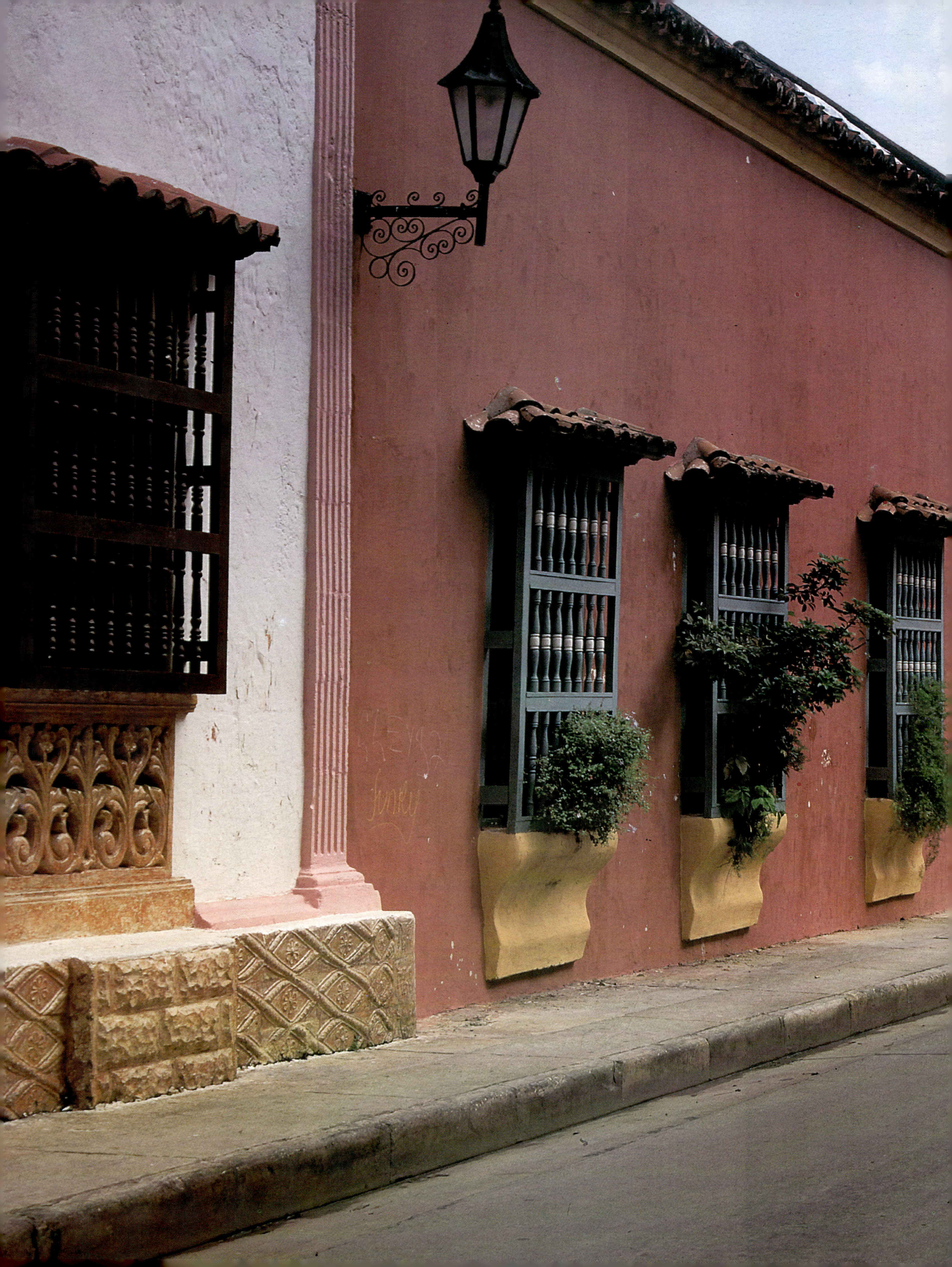

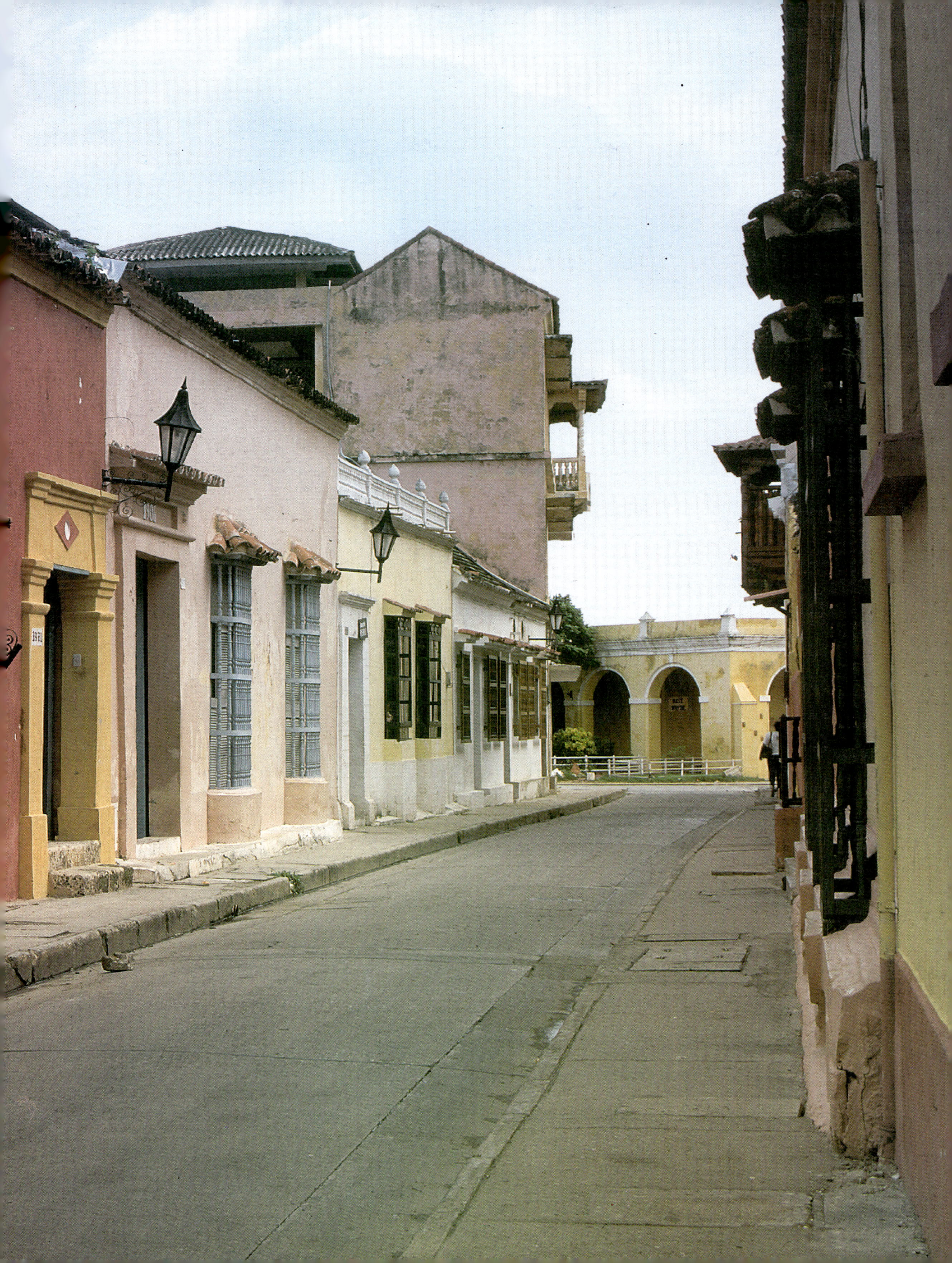

Hacia ellas confluyen los caminos. En sus ciudades Colombia se asoma hacia el futuro. En ellas hierven sueños, preguntas, ilusiones. Cada una es el espejo de los hombres que la habitan.

Cartagena, Bolívar. Buena Imagen

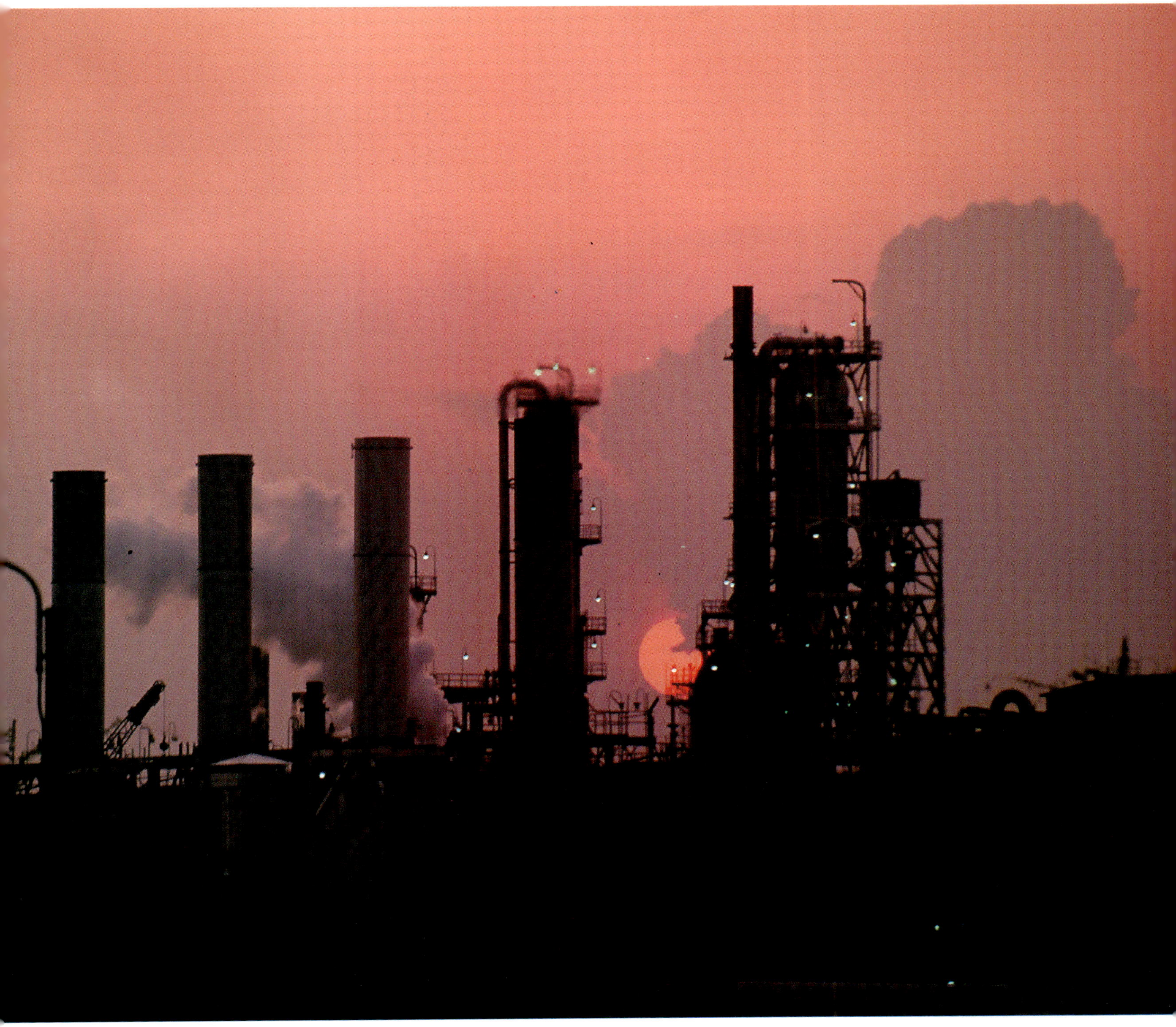

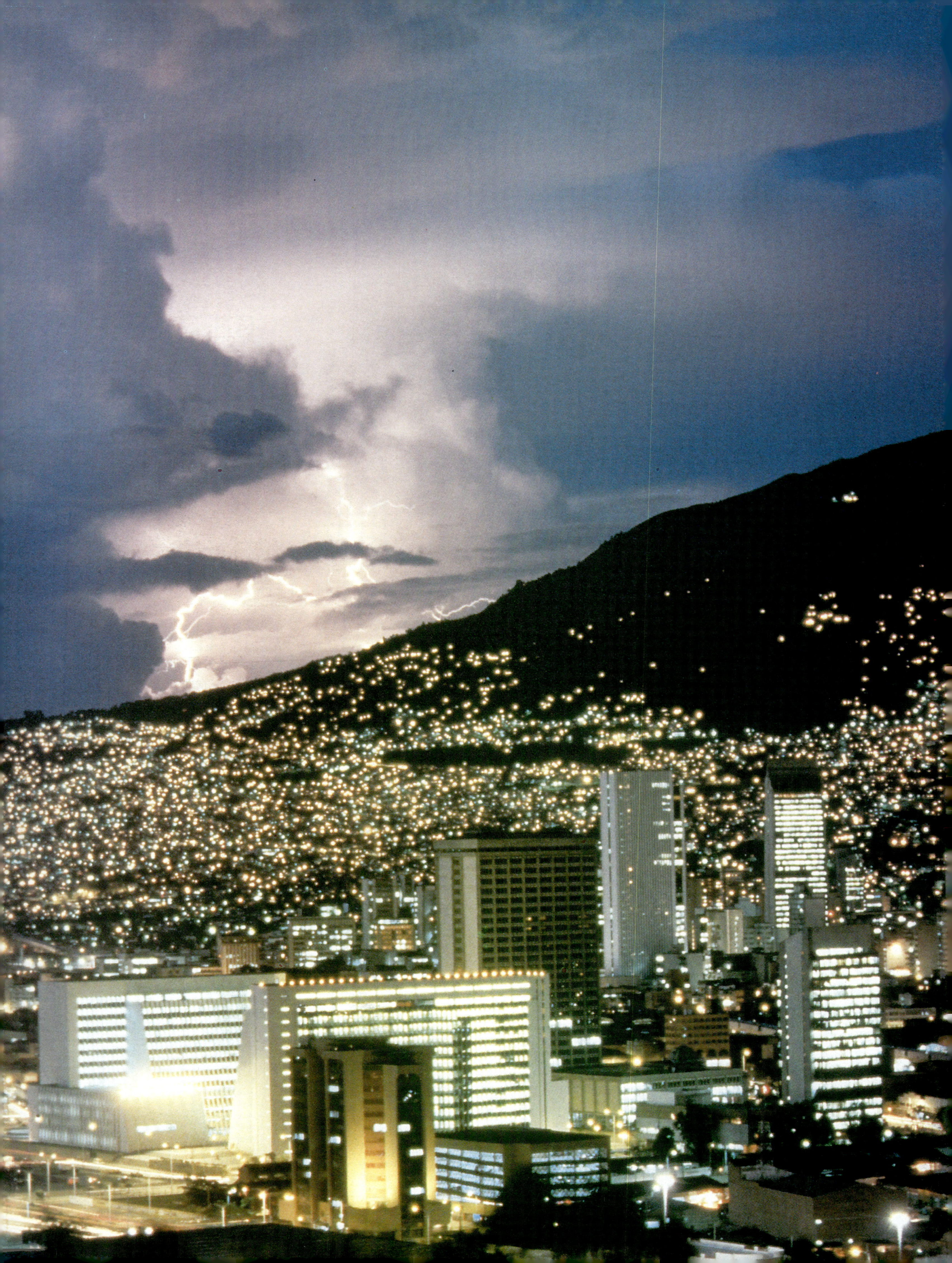

Santafé de Bogotá, Cundinamarca. Nicolás Bright S.

◀— Medellín, Antioquia. León Duque G.

Santafé de Bogotá, Cundinamarca. Oscar Raúl Ruiz M.

Medellín, Antioquia. Henry Agudelo C.

Cali, Valle. Jaime Osorio G.

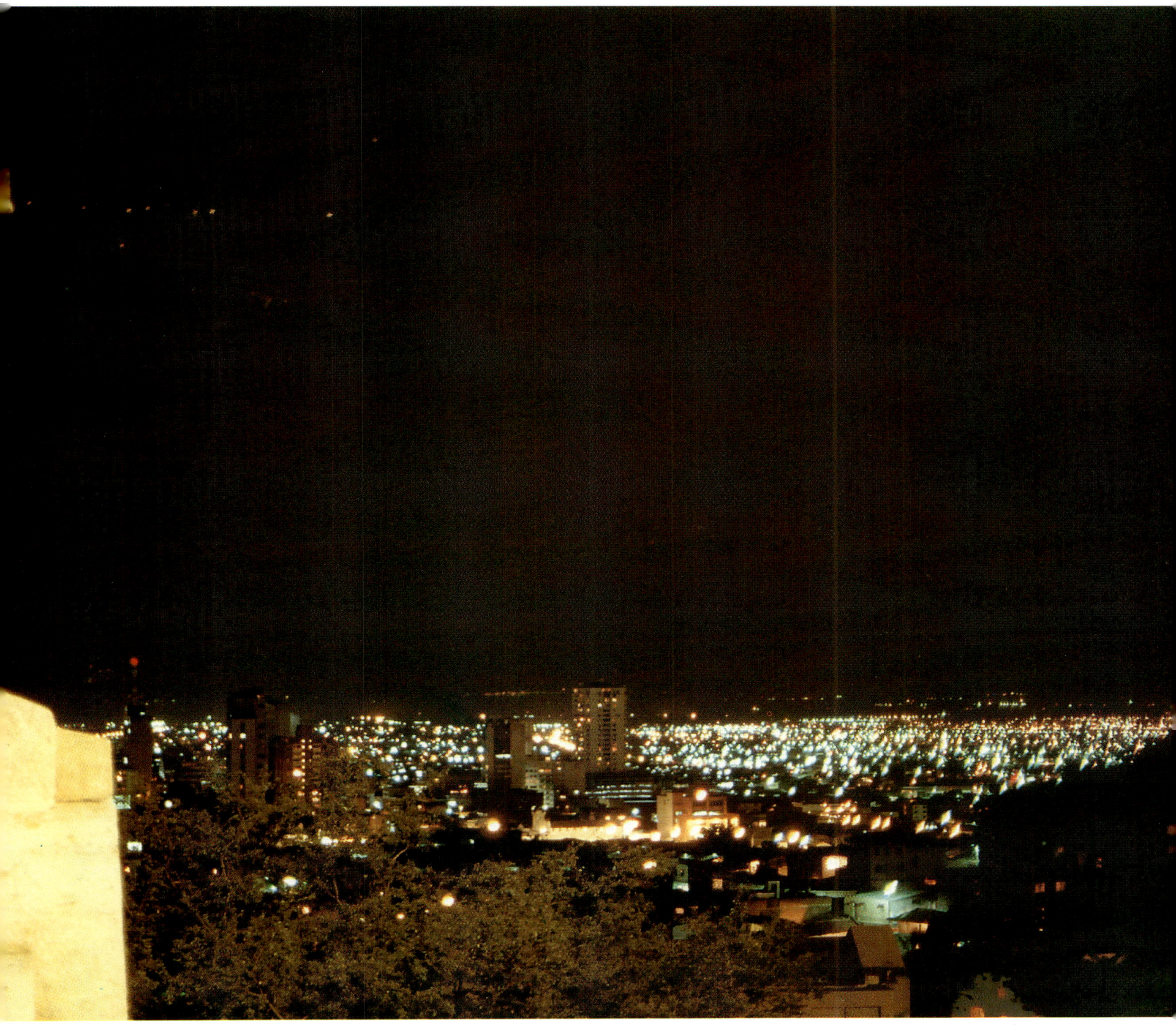

Colombia ríe en la risa de su gente. Juega cuando juegan sus niños, y se perpetúa en las rondas y en los bancos de las escuelas.

Colombia es negra, y rubia, y cobriza. Murmura oraciones en la iglesia, y conoce de hechizos y canciones centenarias.

Río Atrato, Chocó. Pablo Pérez U.

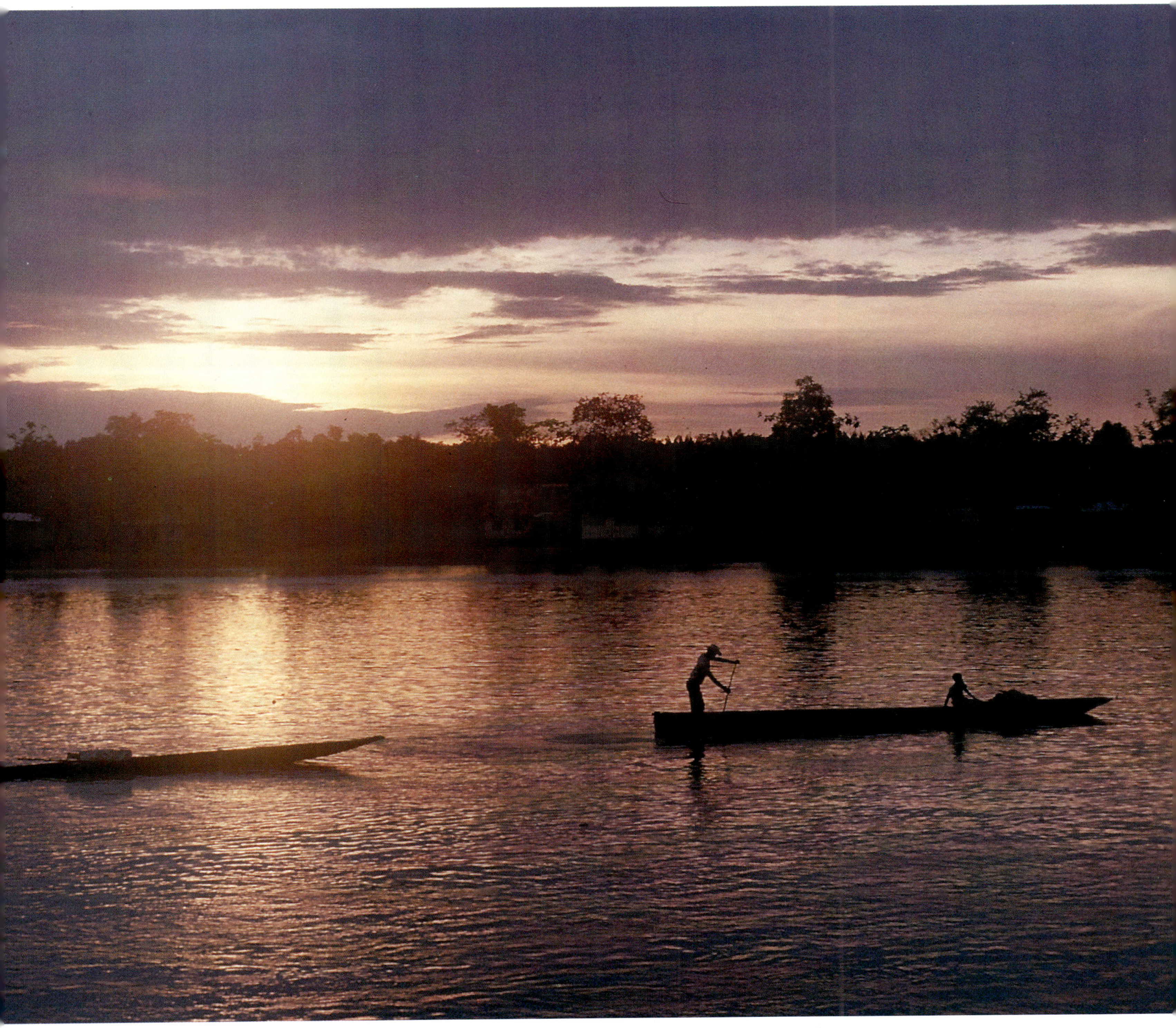

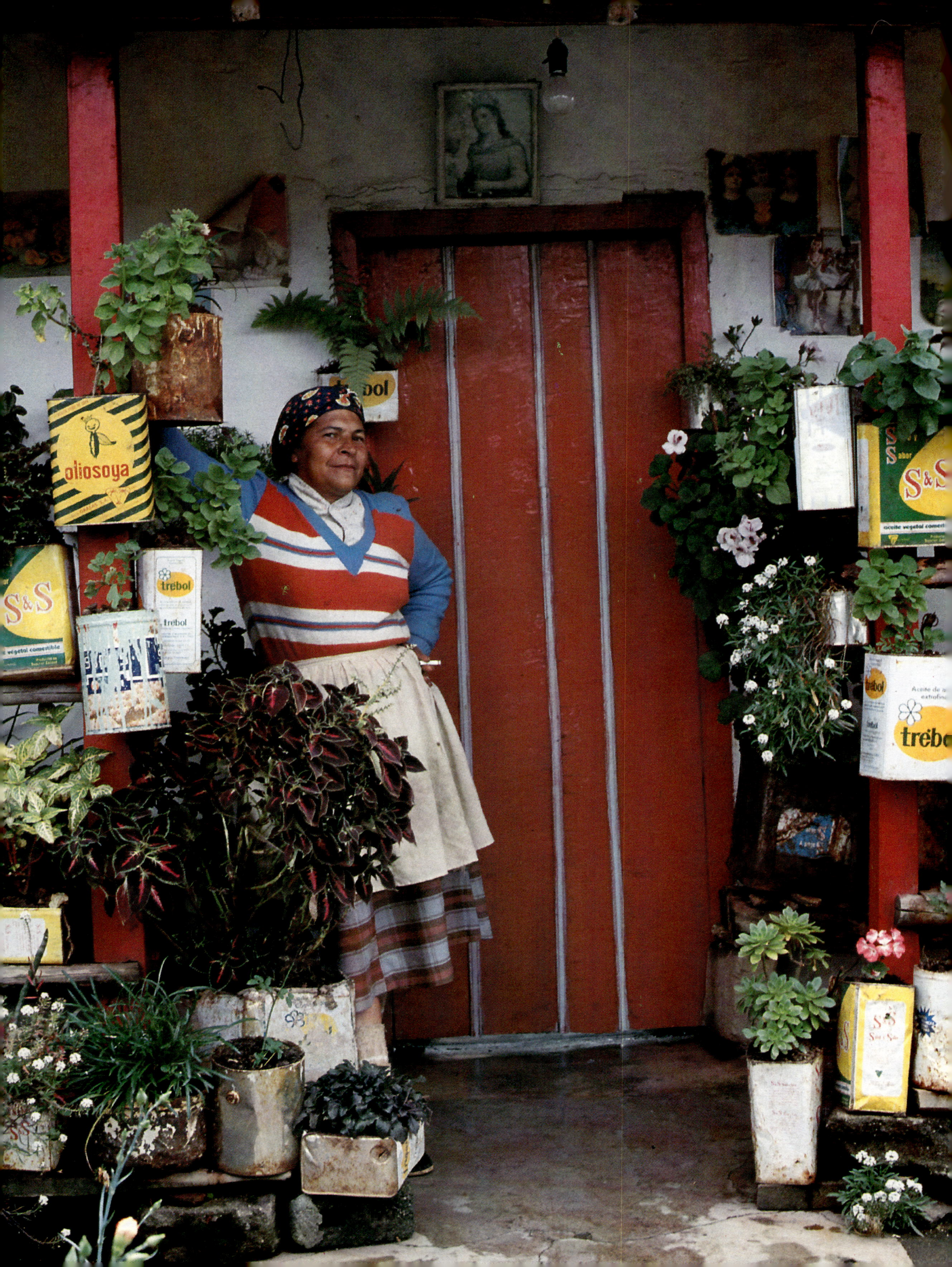
oliosoya
trebol
S&S

103

Pichimá. Bajo San Juan, Chocó. Manuel Hormaza T.

La Guajira. Rubén Darío Vélez P.

◄ Santa Rosa,
Antioquia.
Jairo Osorio G.

104

Santafé de Bogotá, Cundinamarca. Mariano Adolfo González G.

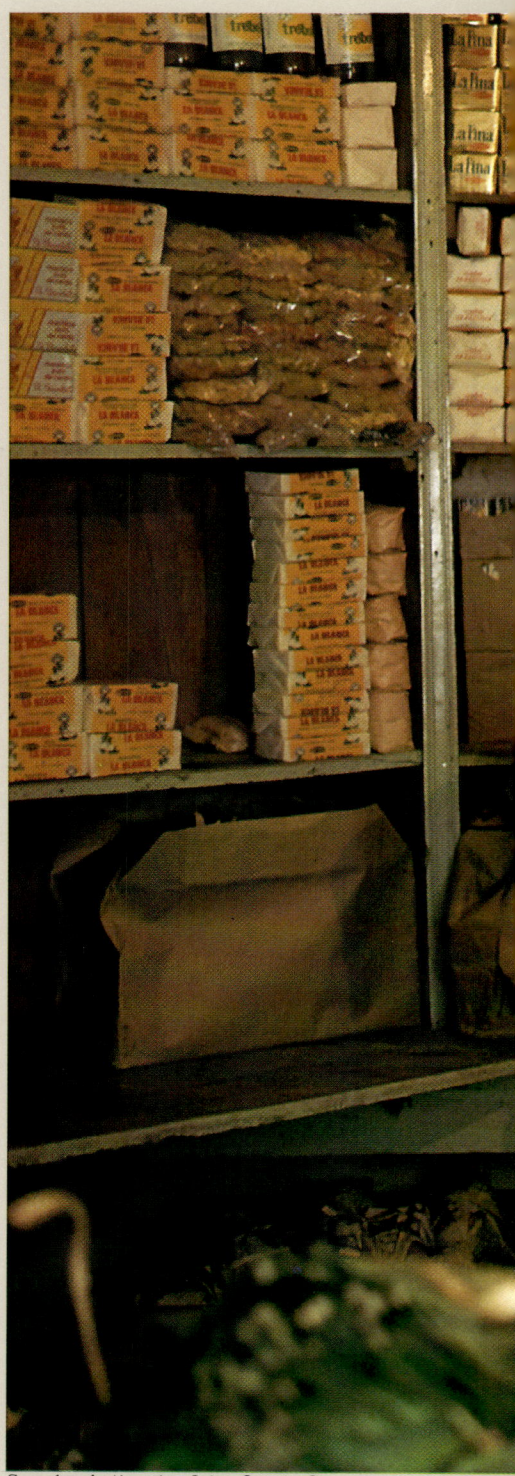

Sonsón, Antioquia. Jairo Osorio G.

PIELROJA
PIELROJA
PIELROJA
PIELROJA
MARFIL
ARROZ
CORONA
EVEREADY
VARTA
PILAS
VARTA
EVEREADY
regala
100 televisores
a color
para el Mundial
España 82!

Arbeláez, Cundinamarca. Manuel Hormaza T.

Guacamayas, Meta. Manuel Hormaza T.

Tadó, Chocó. Manuel Hormaza T.

Ibagué, Tolima. Jairo Osorio G.

Villa de Leyva, Boyacá. Buena Imagen ➤

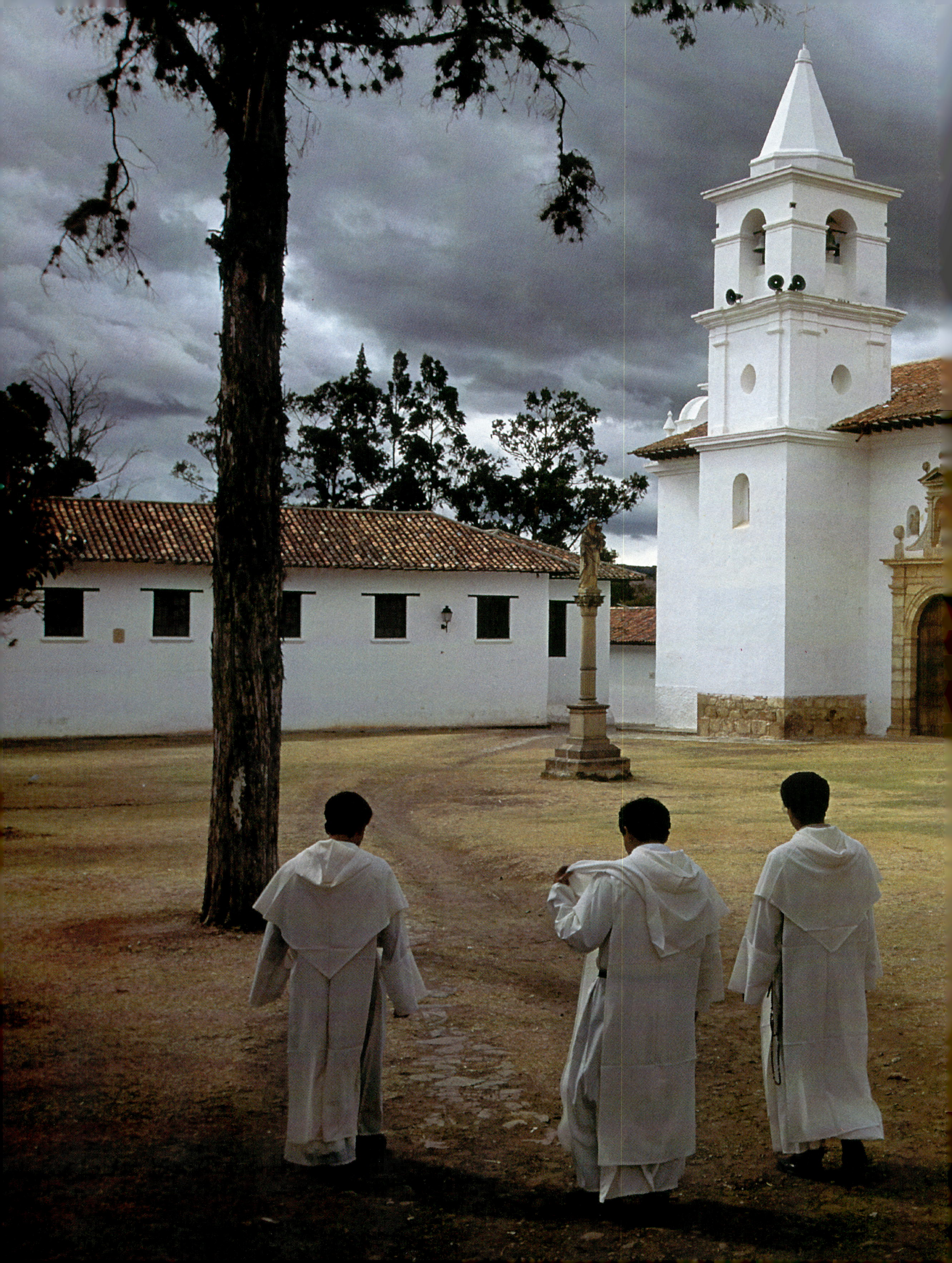

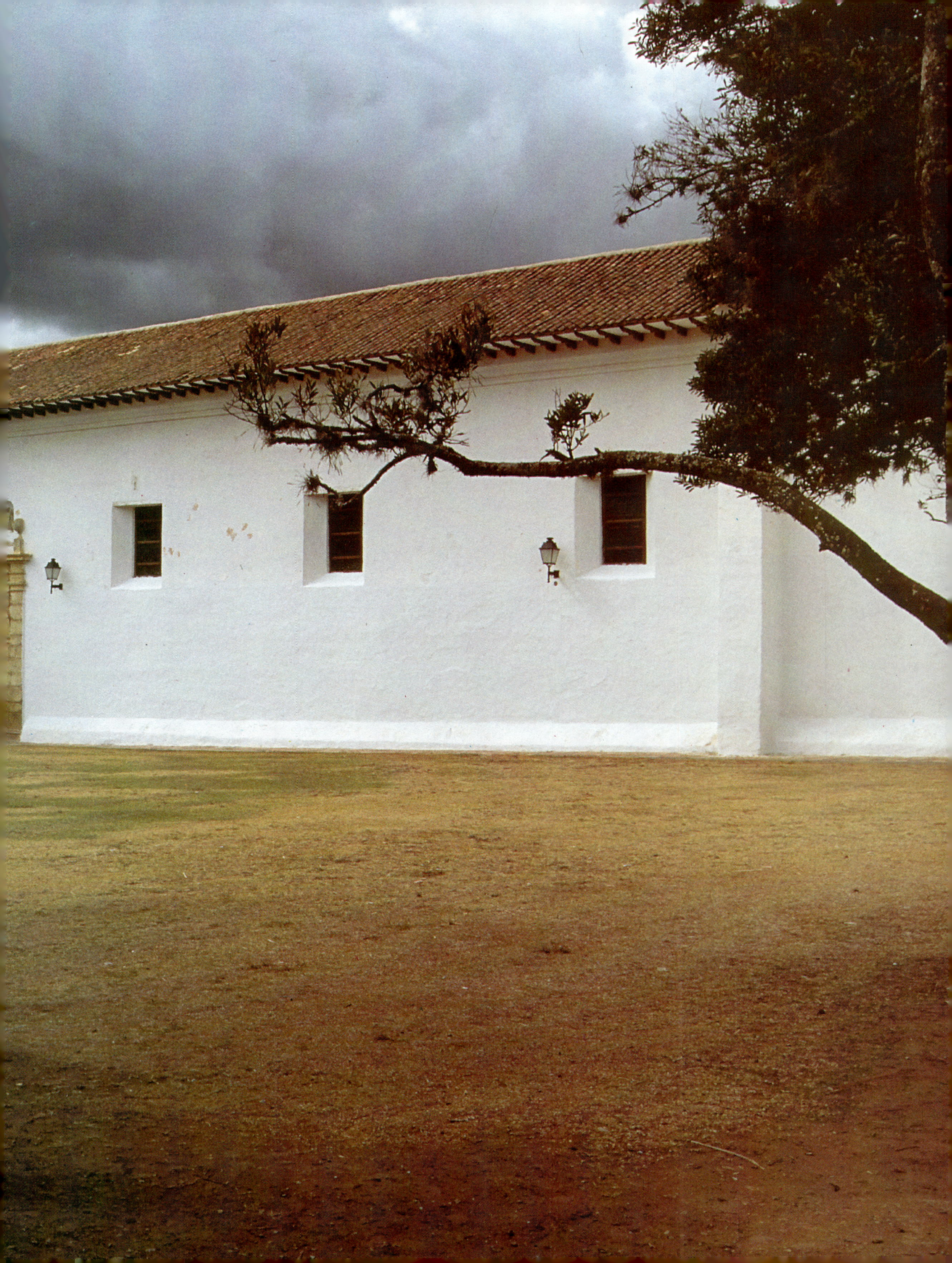

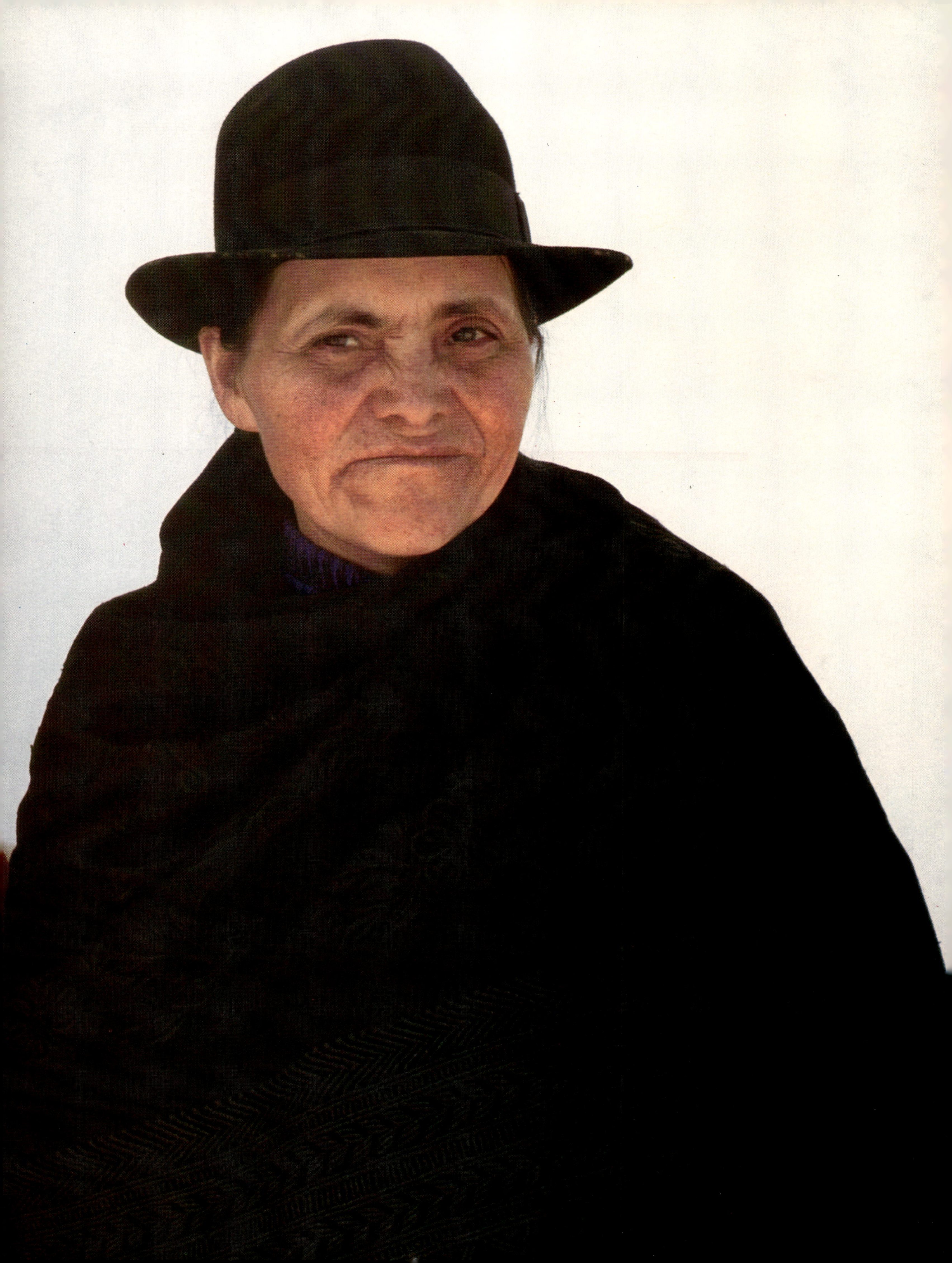

Monguí, Boyacá. Luis Carlos Ramírez O.

Vereda El Calvario. Guacamayas, Boyacá. Manuel Hormaza T.
◄ Boyacá. Oscar Raúl Ruiz M.

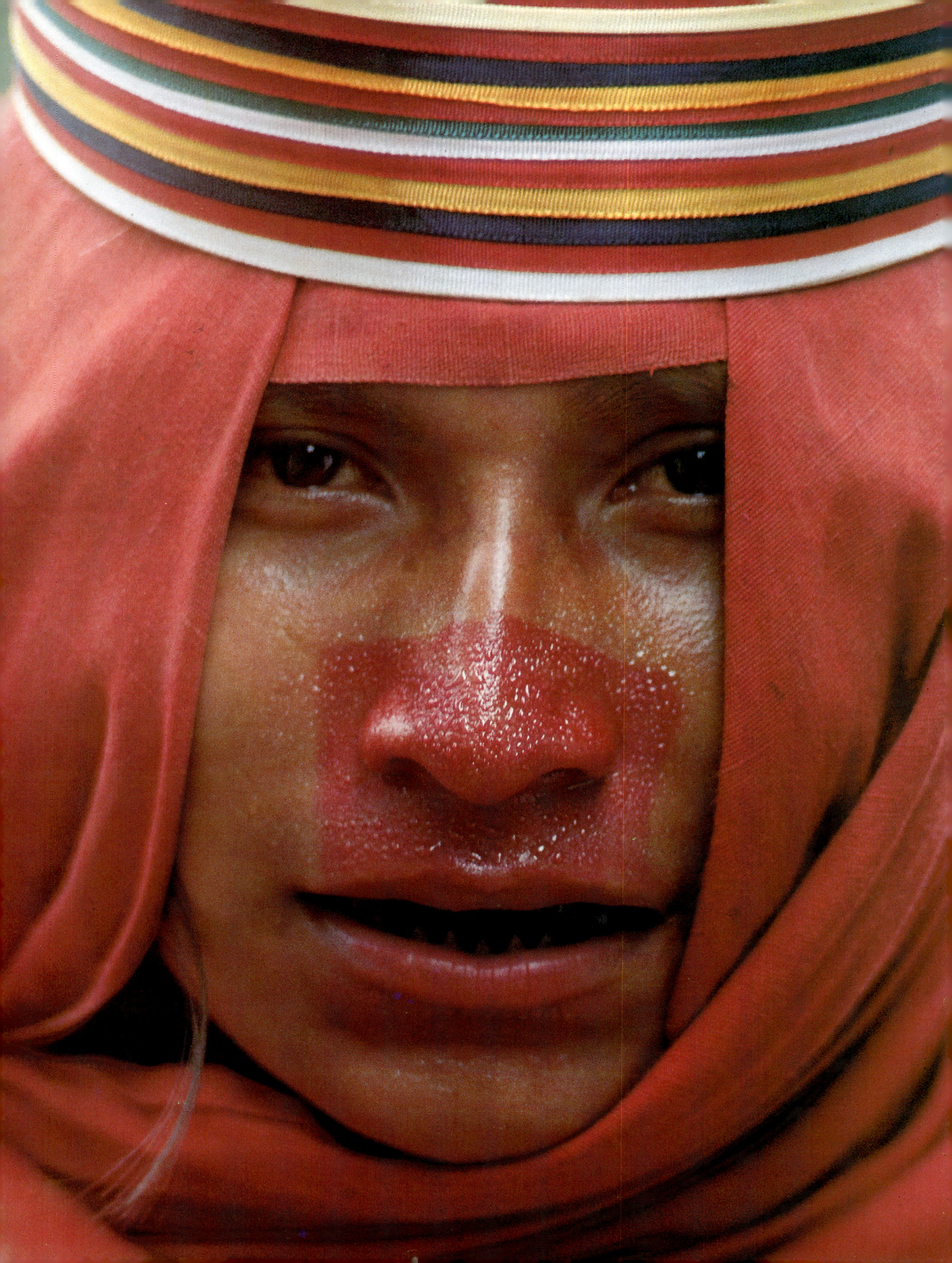

San Matías. Ituango, Antioquia. Jairo Osorio G.

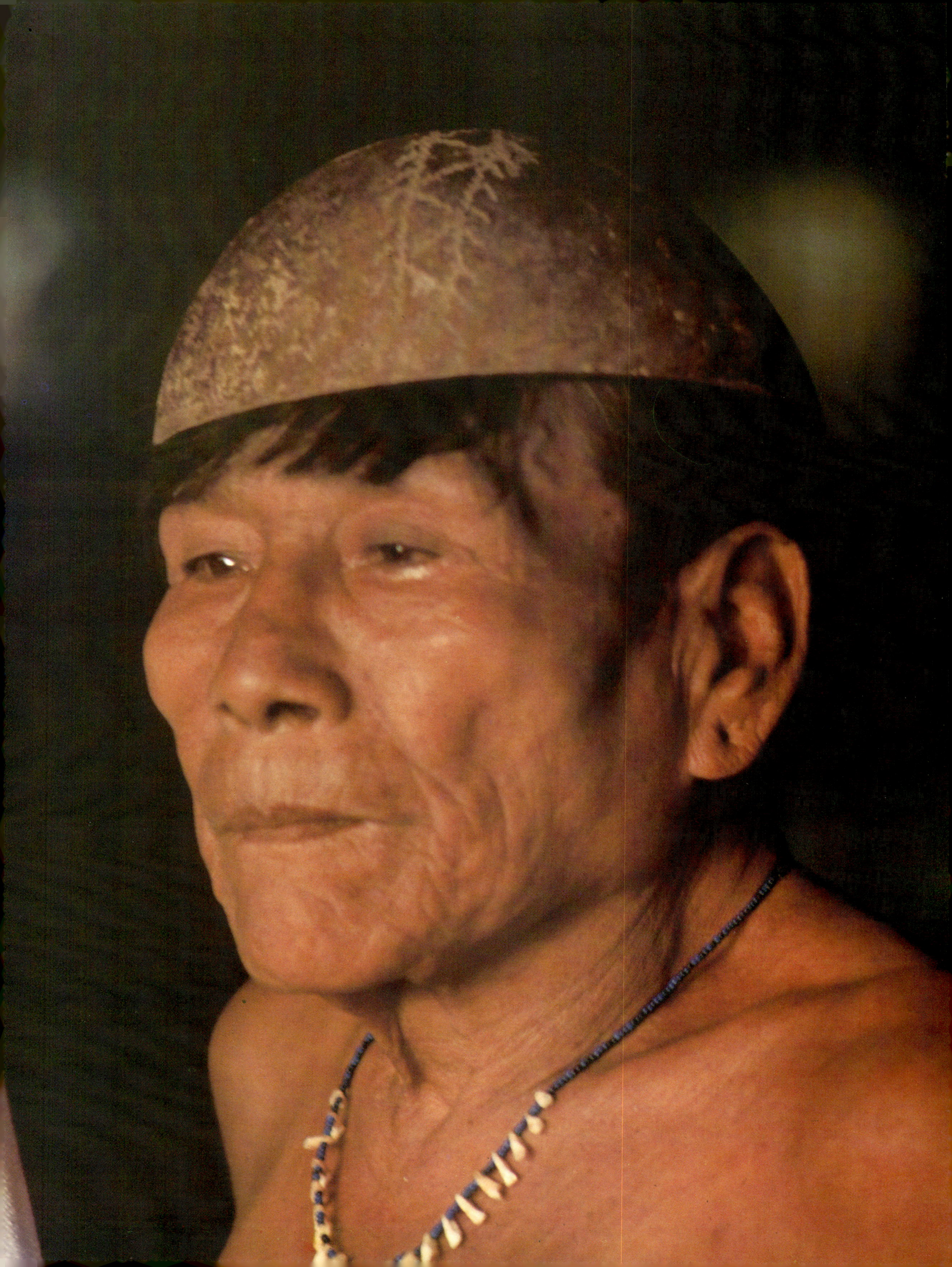

El Darién, frontera colombo panameña. Jairo Osorio G.

Comunidad waunaan, quebrada Pichimá. Bajo San Juan, Chocó. Manuel Hormaza T.
← Comunidad waunaan. Bajo San Juan, límites del Valle y Chocó. Aymer Alvarez

116

Barú, Bolívar. Norma Lucía Gaviria V.

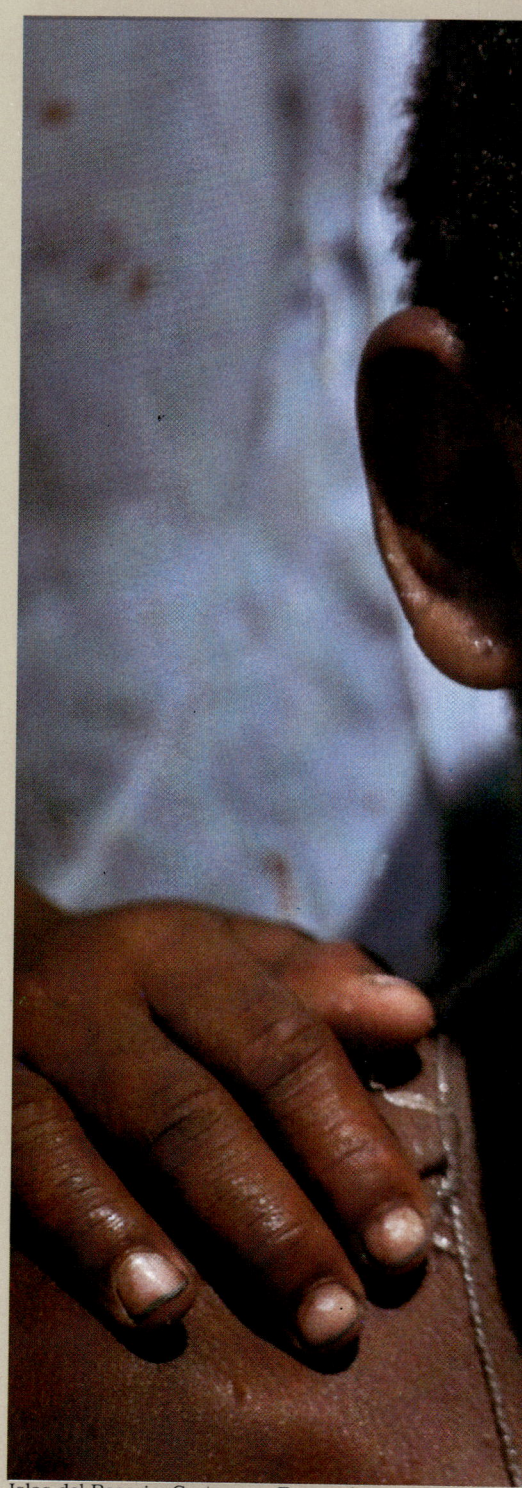

Islas del Rosario, Cartagena. Fernando Arias G.

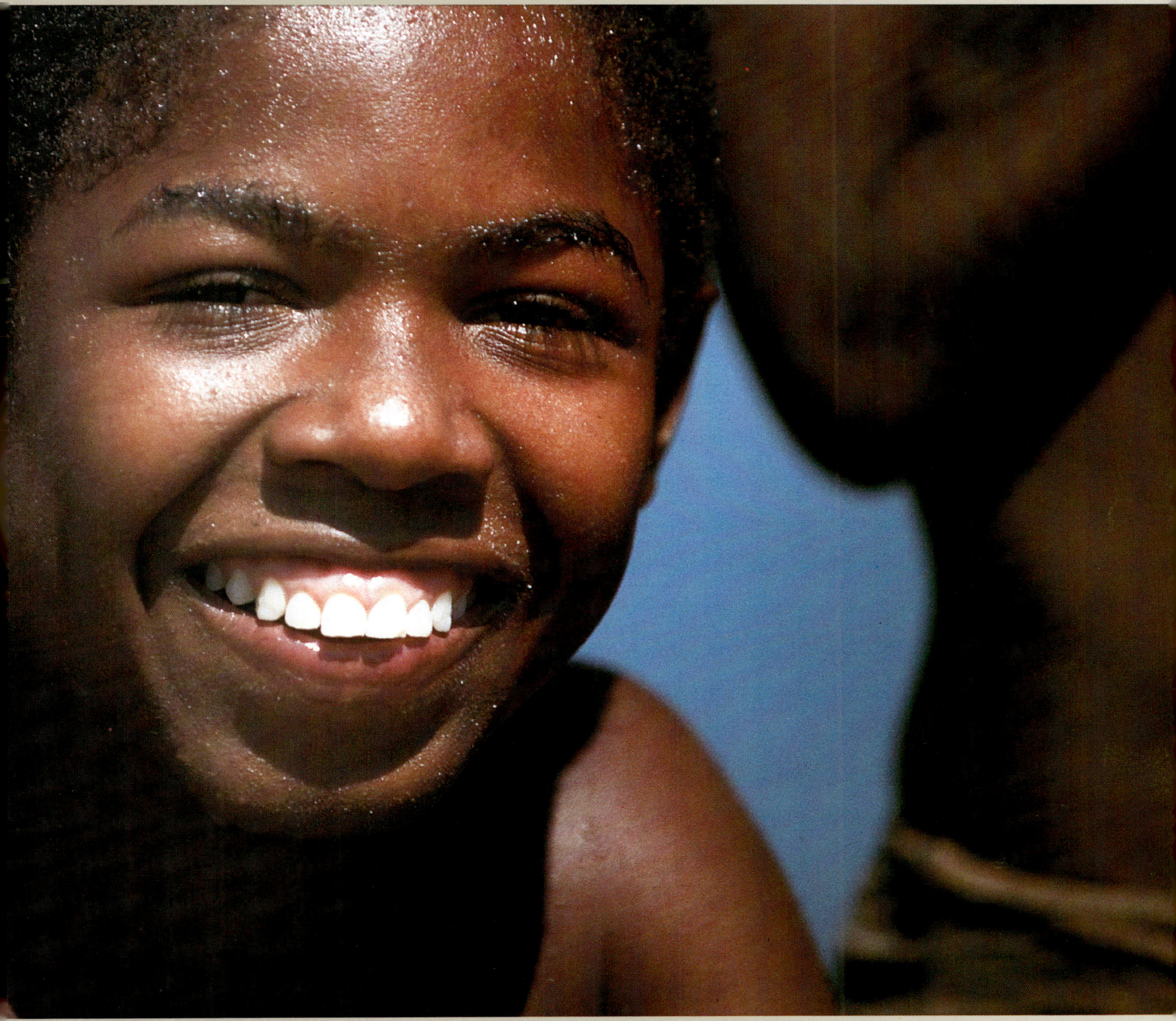

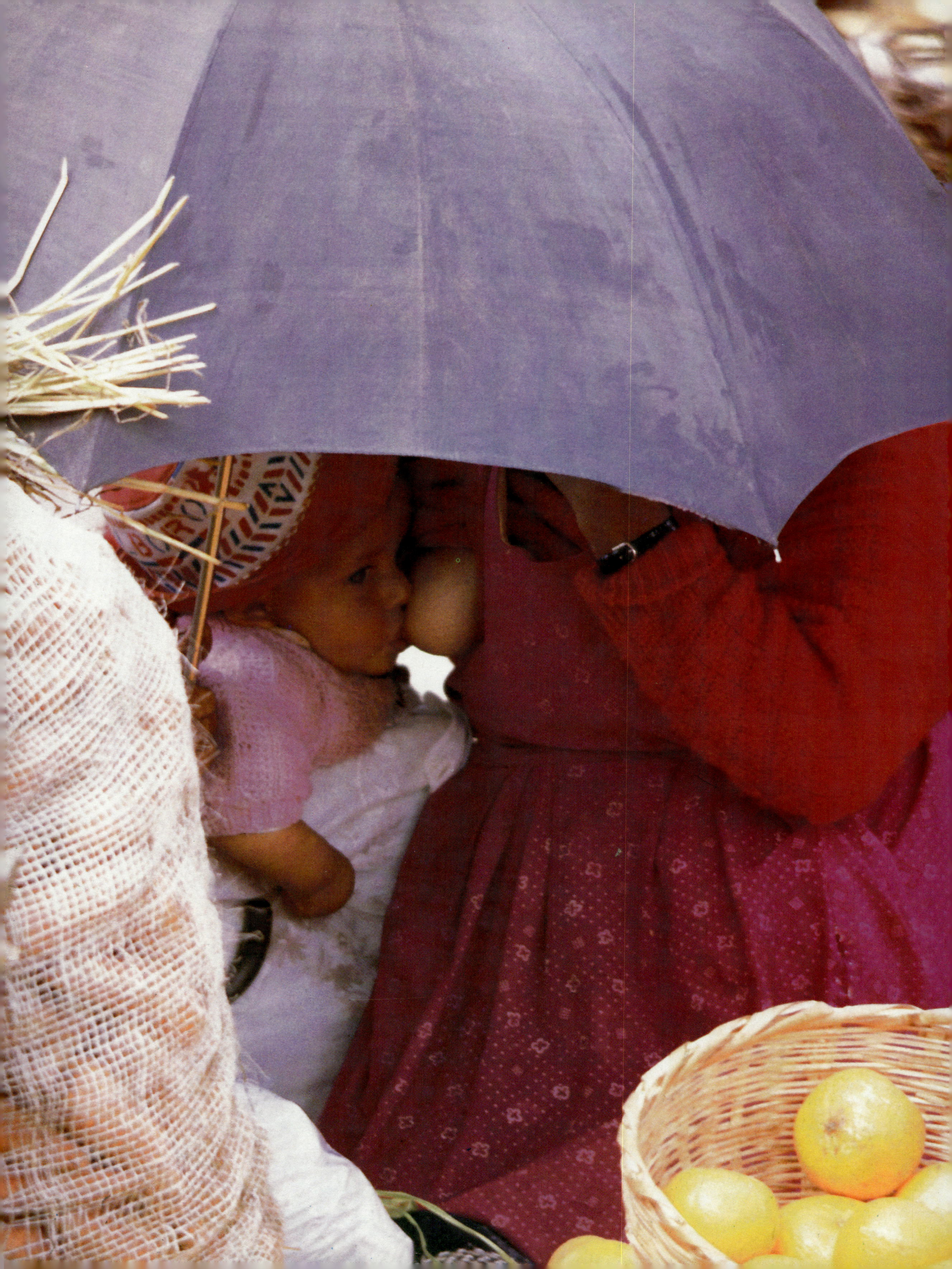

Quebradablanca, Cundinamarca. Henry Mariño L.

Santuario de Las Lajas, Nariño. Manuel Hormaza T.
◄ Villa de Leyva, Boyacá. Luis Carlos Ramirez O.

Todavía hay trabajos donde el tiempo no es lo esencial. Trabajos directamente emparentados con la tierra, eternos como las generaciones que los llevan de edad en edad.
Todavía, en Colombia, las ruecas y los bueyes trabajan al ritmo de su propia música.

Comunidad waunaan. Bajo San Juan, límites del Valle

y Chocó. Aymer Alvarez

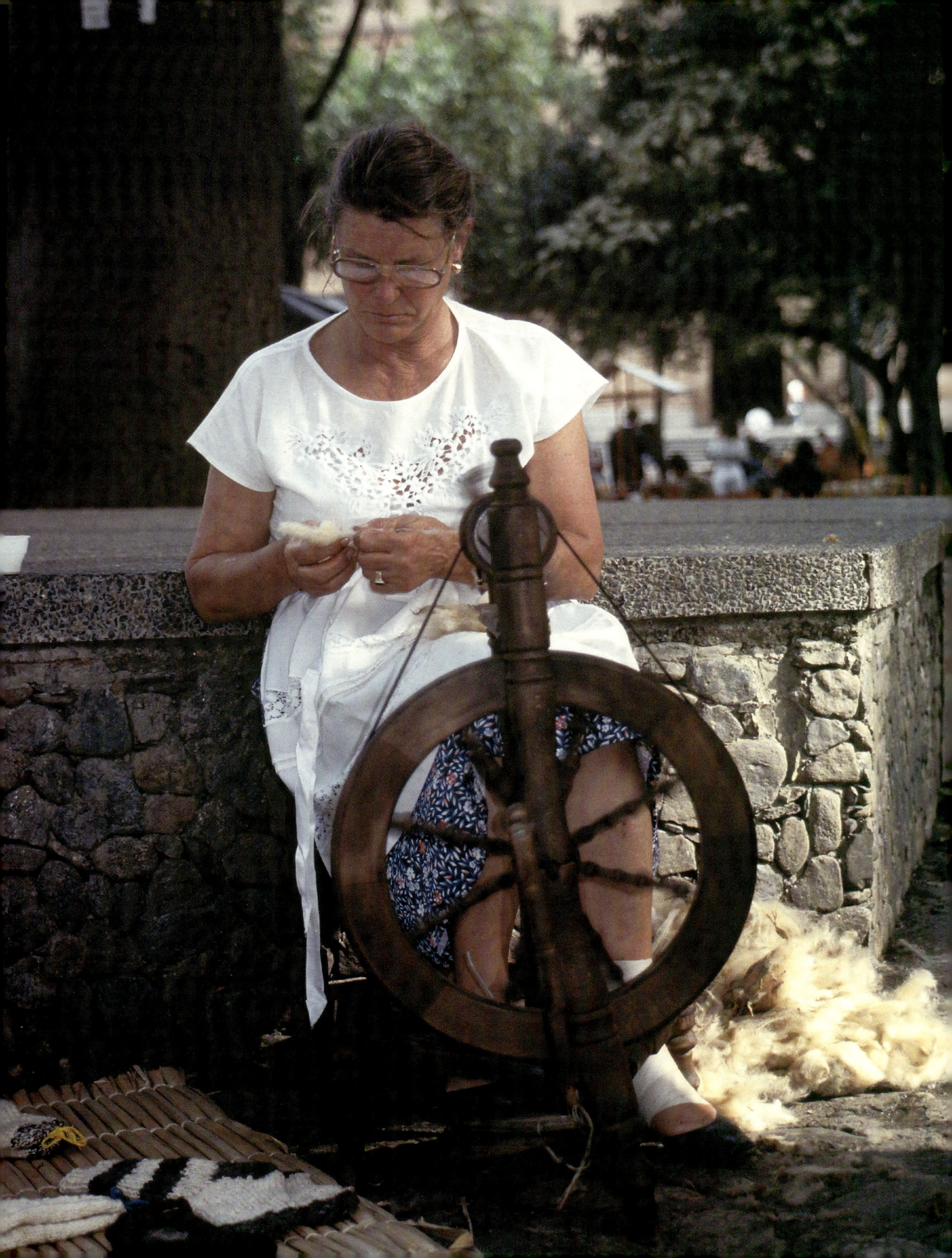

Pueblo Nuevo, Cauca. Hermana María Josefina Velásquez O.

Bolívar, Cauca. Manuel Hormaza T.
◀ Medellín, Antioquia. Diego Arango B.

Catacumbo, Nariño. Manuel Hormaza T. ▶

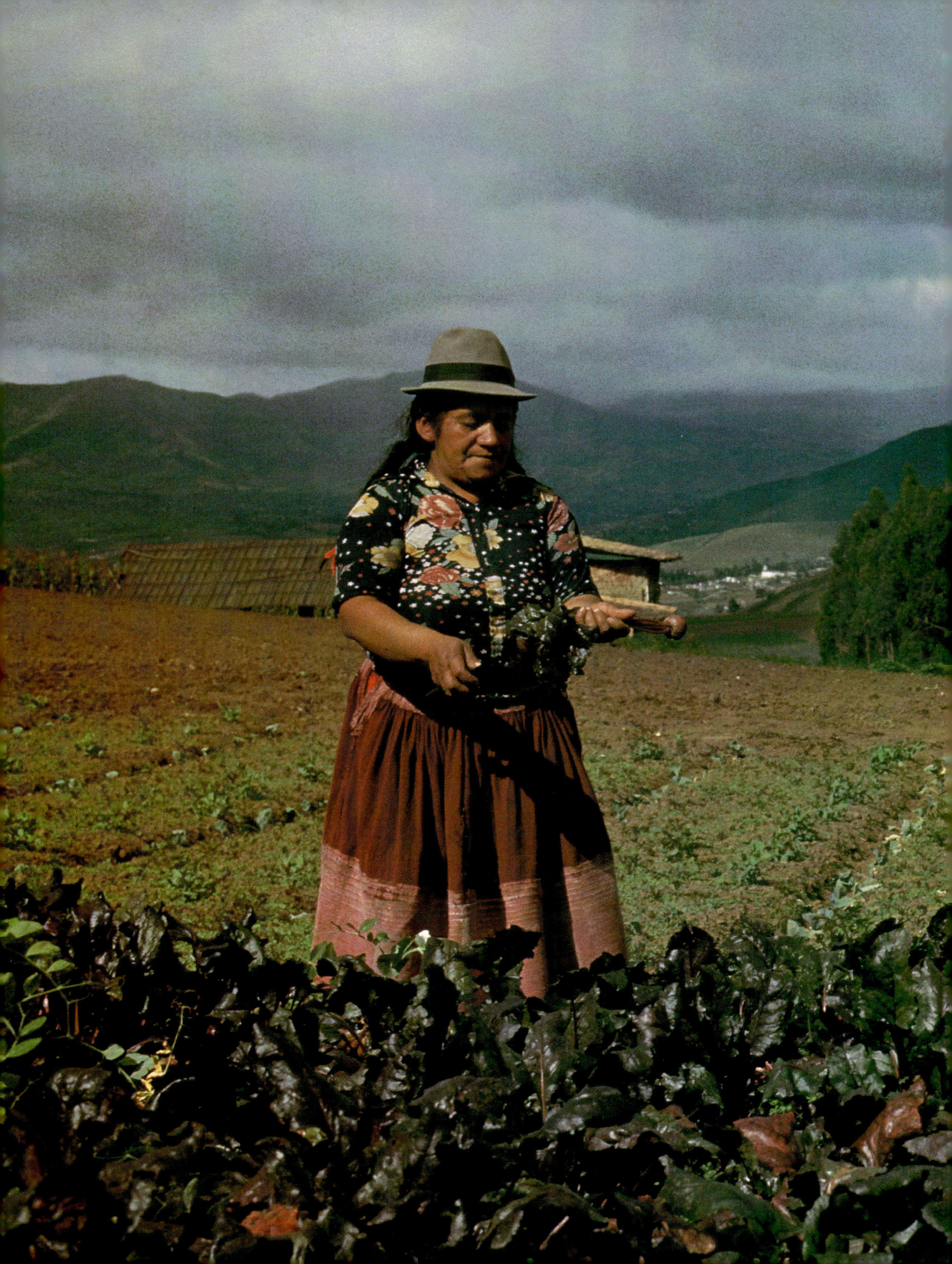

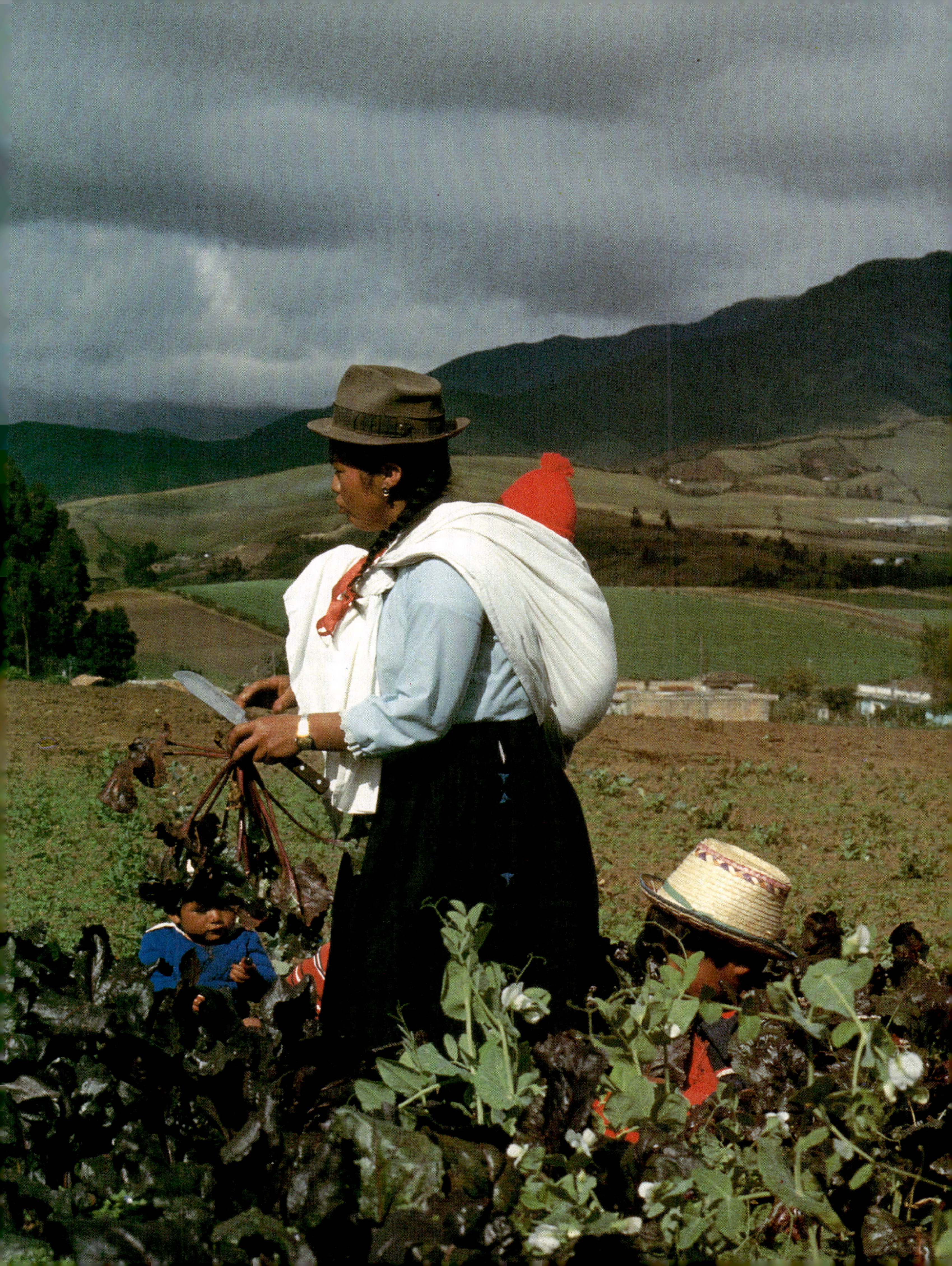

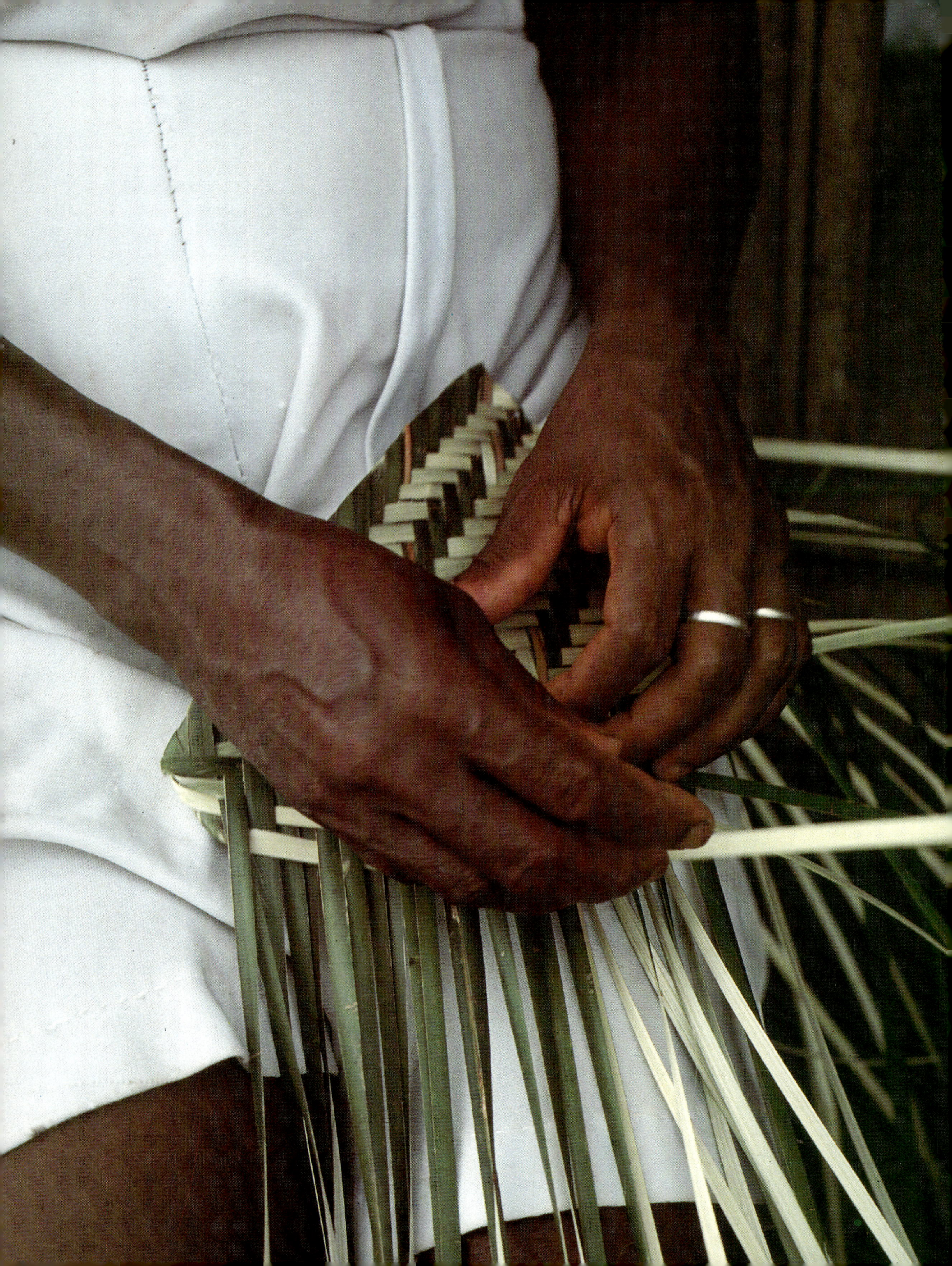

Pichimá. Bajo San Juan, Chocó. Manuel Hormaza T.

Sierra del Perijá, Cesar. Lawrence Marie Mouchez
◄ El valle, Chocó. Cecilia Posada D.

Guacamayas, Boyacá. Manuel Hormaza T.

Bajo San Juan, Chocó. Oswaldo Paez F.

Bajo San Juan, Chocó. Manuel Hormaza T.

Pichimá. Bajo San Juan, Chocó. Manuel Hormaza T.

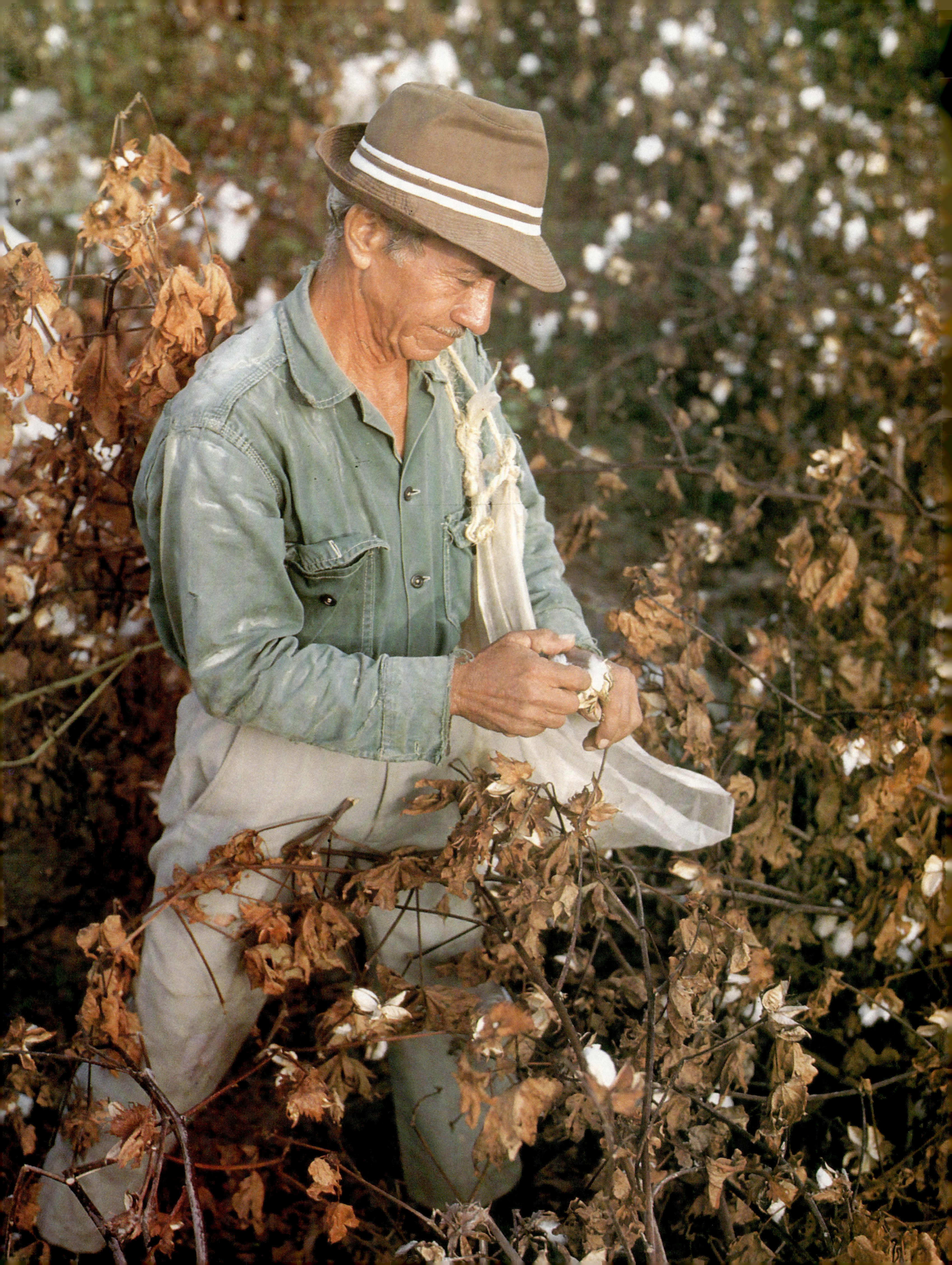

Barbosa, Antioquia. Henry Agudelo C.

Mompox, Bolivar. Cecilia Posada D.

◀ Valle del Cauca.
León Duque G.

Cáceres, Antioquia. Henry Agudelo C.

Campamento, Antioquia. Hernando Vásquez A.

Umbita, Boyacá. Henry Mariño L.

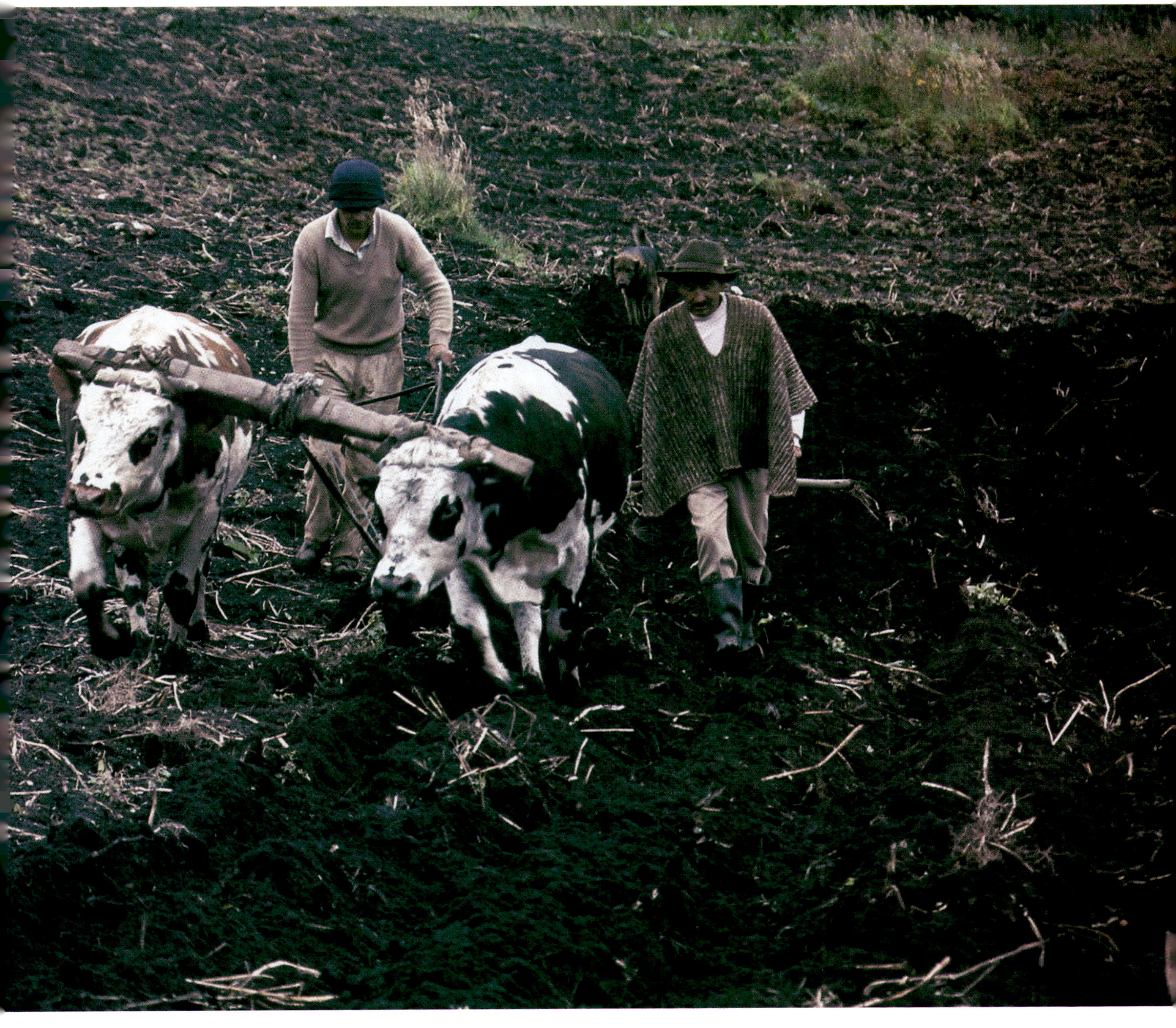

Villeta, Cundinamarca. León Duque G.

Amagá, Antioquia. Juan Carlos Velásquez P.

Honda, Tolima. Jairo Arias B.

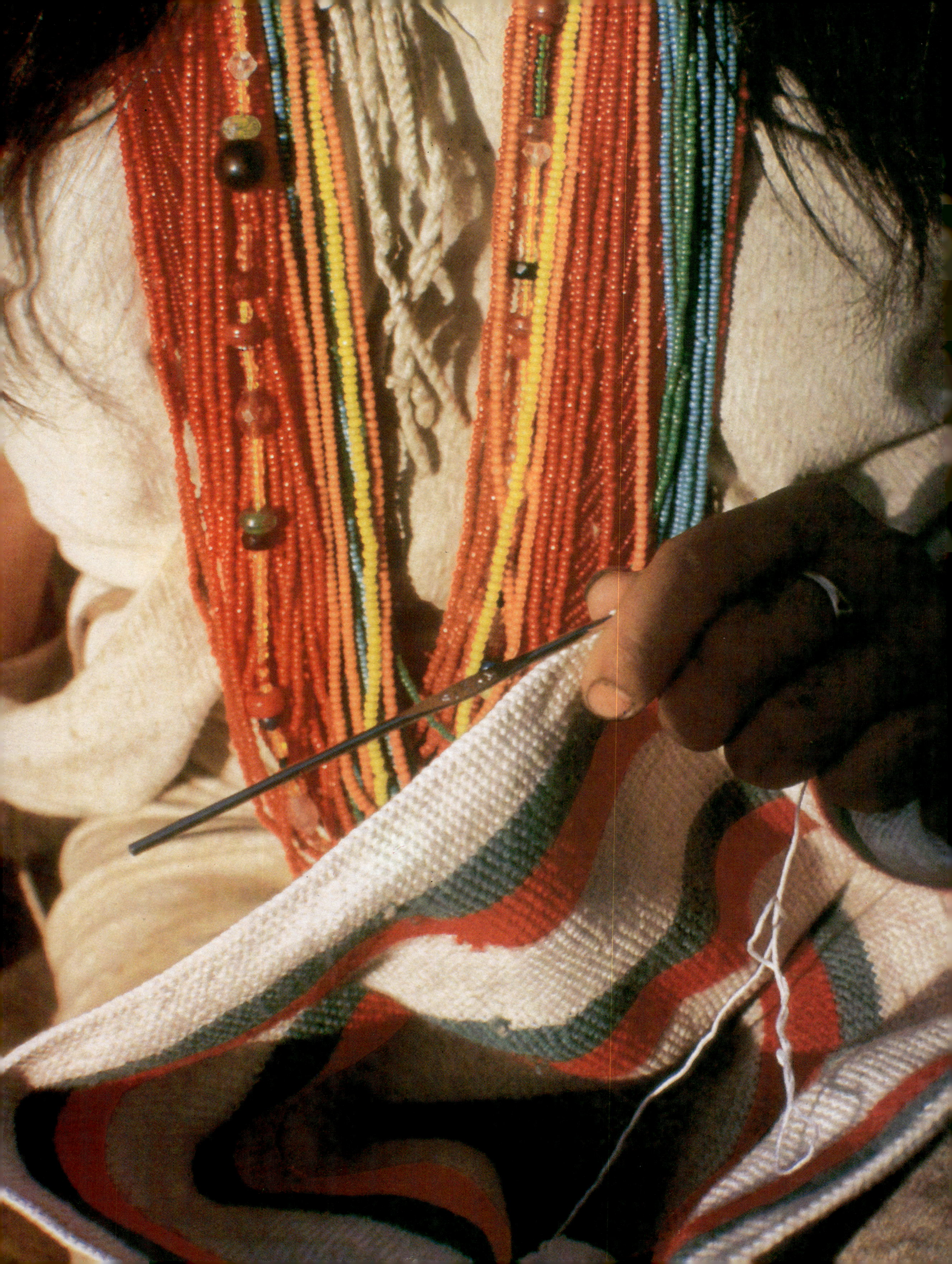

Zaragosa, Antioquia. Manuel Saldarriaga Q.

◄ Alto Buritaca, Sierra Nevada de Santa Marta. Nelson Hernán Pinilla M.

Los artesanos son los guardianes
de la multiplicidad.
Cada obra suya es irrepetible, pues con sus manos
forjan milagros: en su trabajo resuenan las voces de
aquellos que hace siglos descifraron los secretos de
la arcilla y el oro, o hicieron navegantes a los
árboles cuando los convirtieron en canoas.

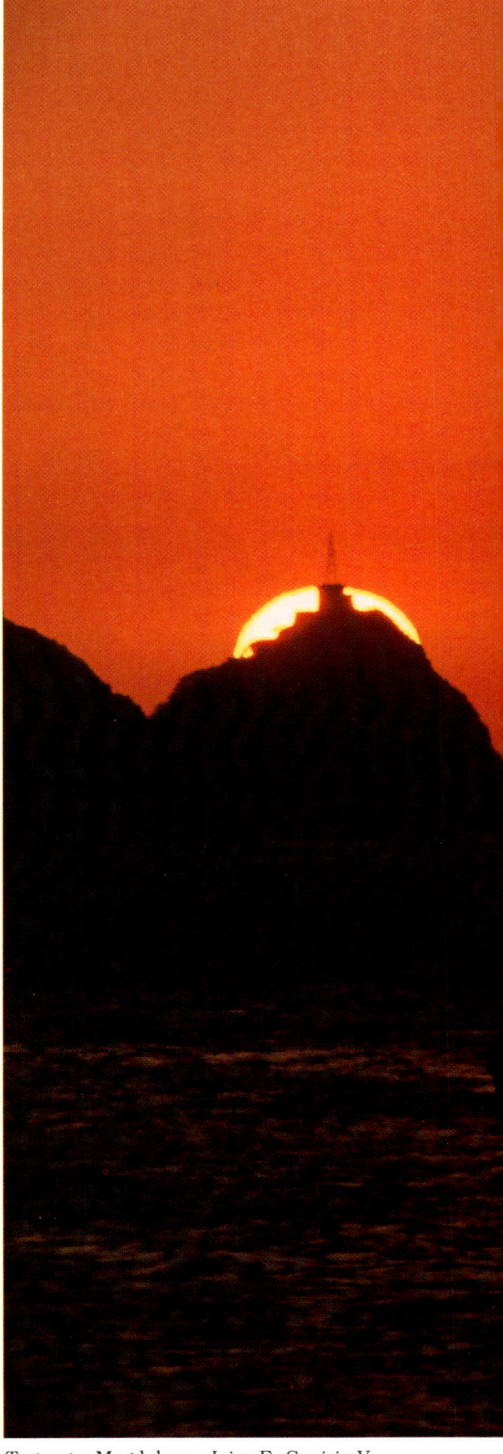

Taganga, Magdalena. Jairo E. Gaviria V.

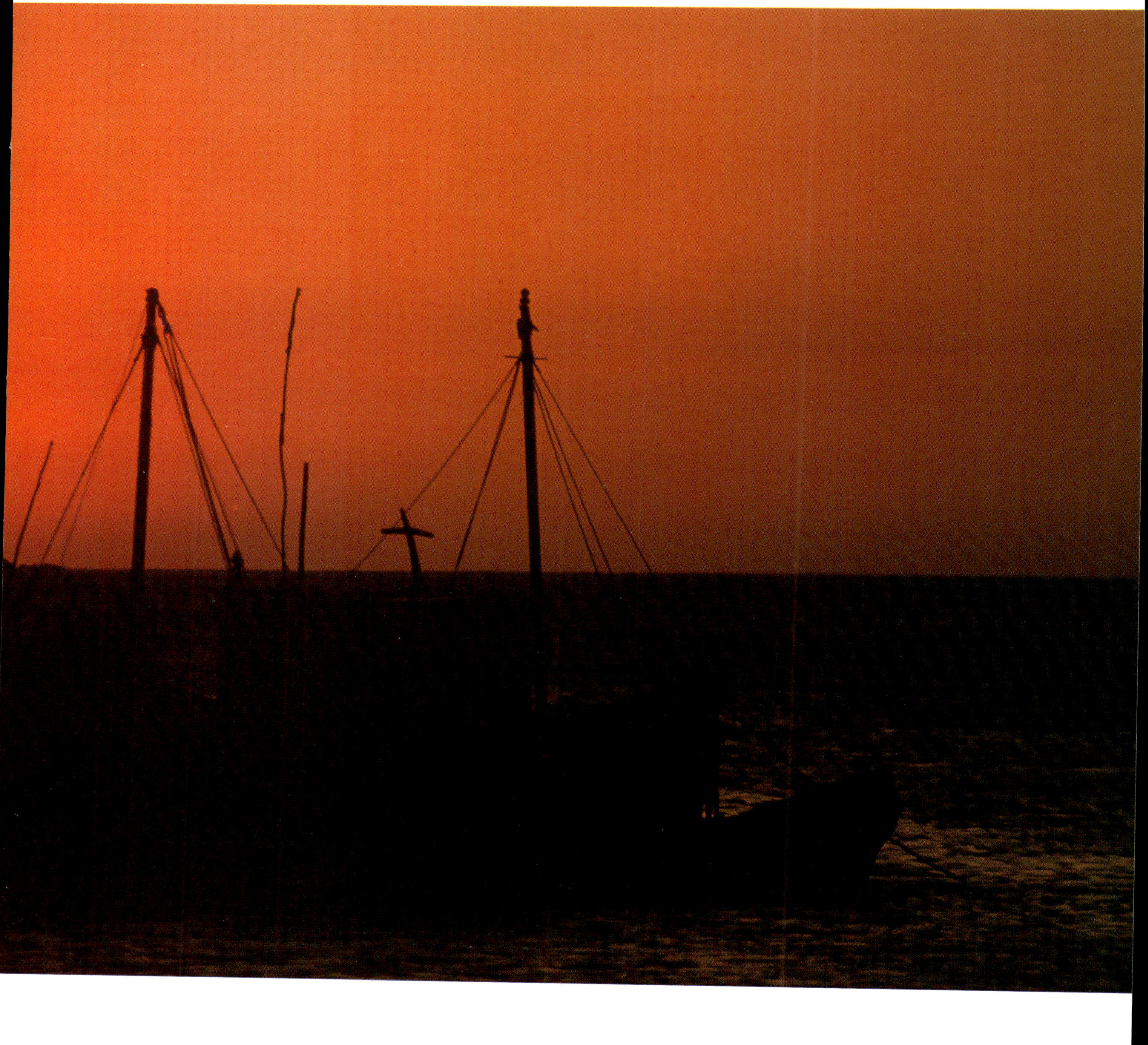

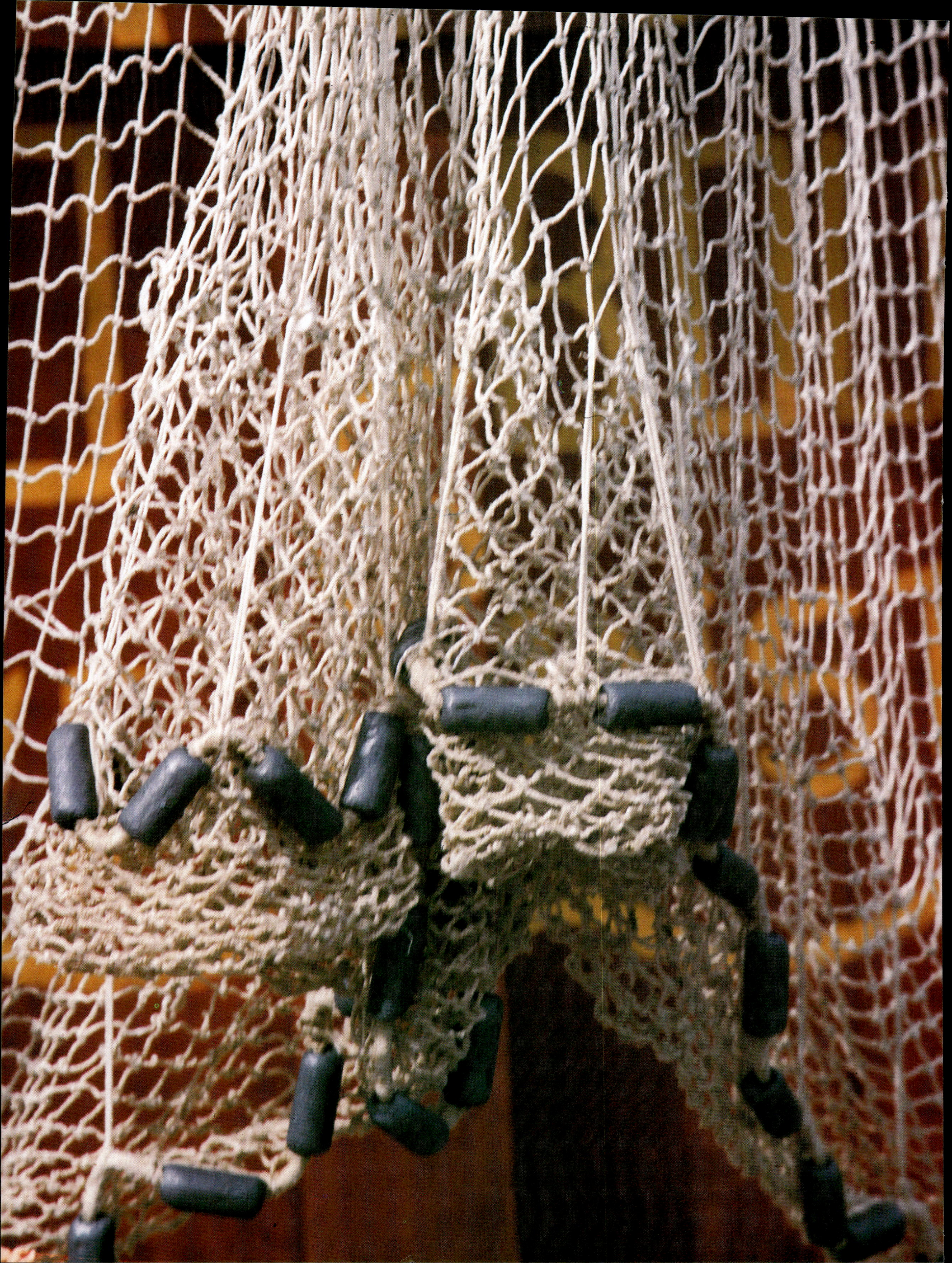

141

Taganga, Magdalena. Jorge Alberto Jaramillo C.

←Bolombolo, Antioquia. Juan Carlos Velásquez P.

Puerto Nariño, Amazonas. Helmuth Hilb

Parque de Timiza. Santafé de Bogotá, Cundinamarca. Gerardo Botero G.

Taganga, Magdalena. Oscar Carvajal P.

Sapzurro, Chocó. Martín Oetker

Valle del Sibundoy, Putumayo. Diego Samper M.

Medellin, Antioquia. Alvaro Florido S.

Guarne, Antioquia. Henry Agudelo C.

Villa de Leyva, Boyacá. Nora Elena Múnera J.

Medellín, Antioquia. Martín Oetker

Mercado artesanal, Antioquia. Oscar Carvajal P.

Bojacá, Cundinamarca. Gustavo Lozano F. ➤

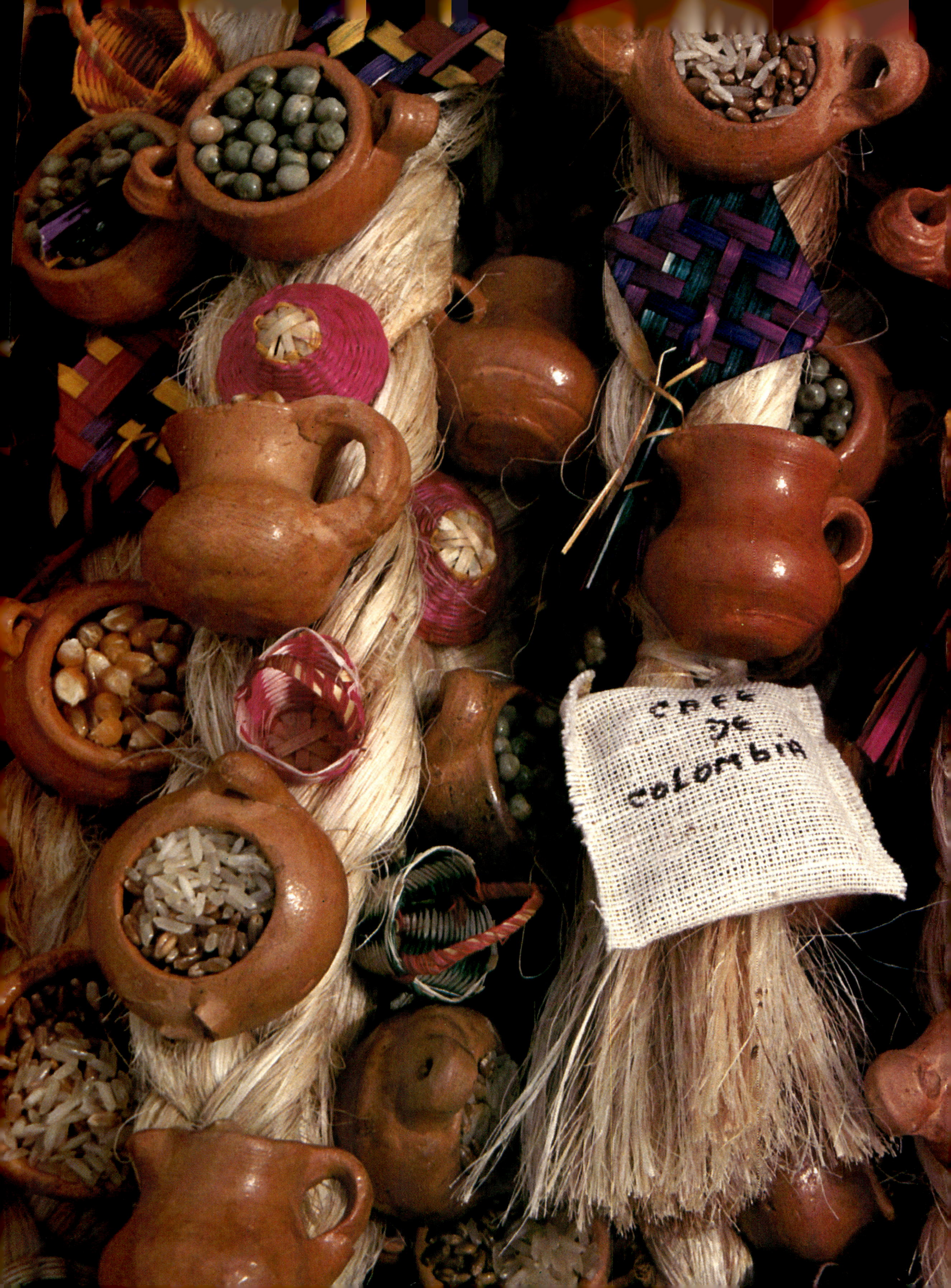
CAFE
DE
COLOMBIA

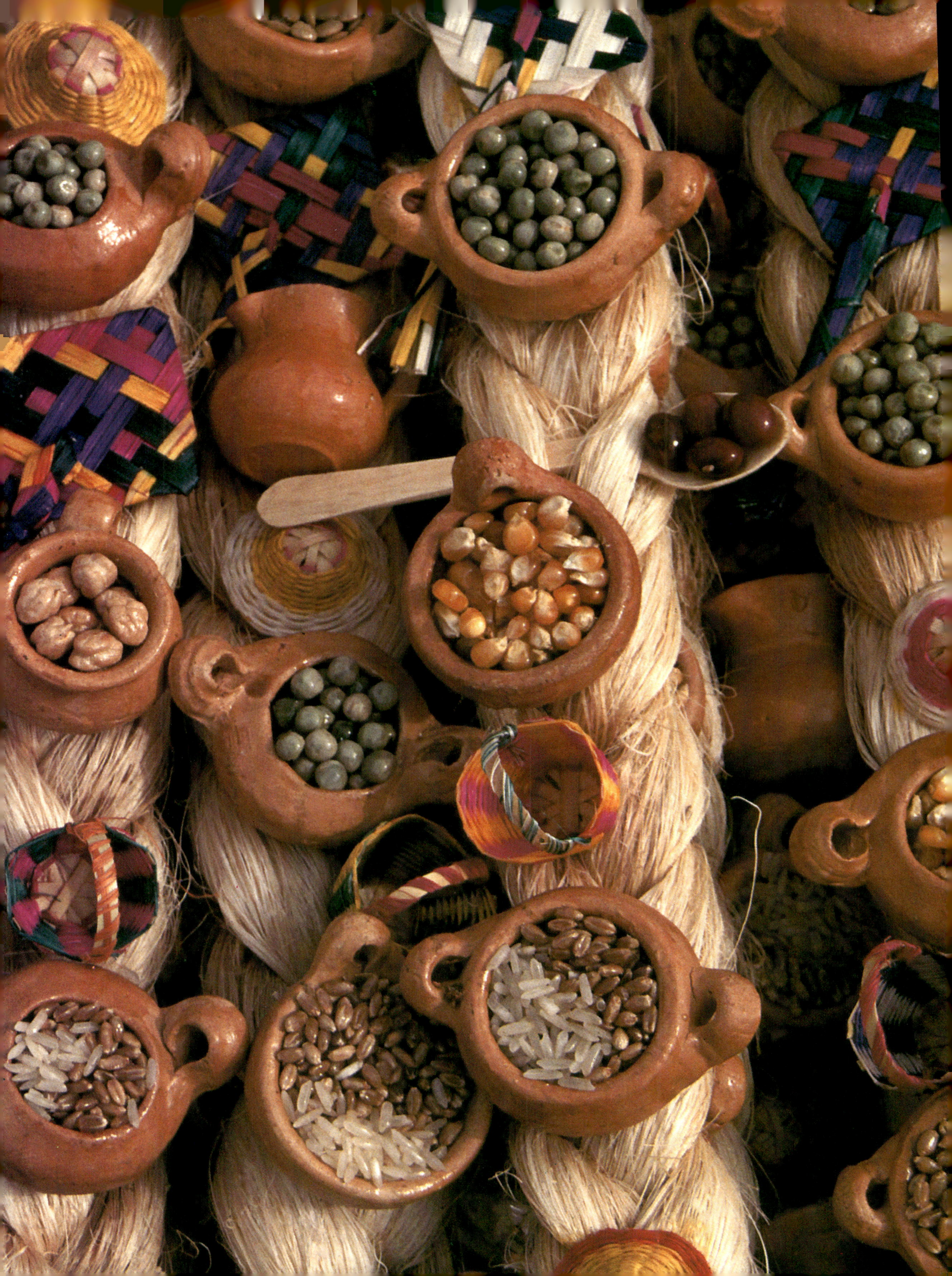

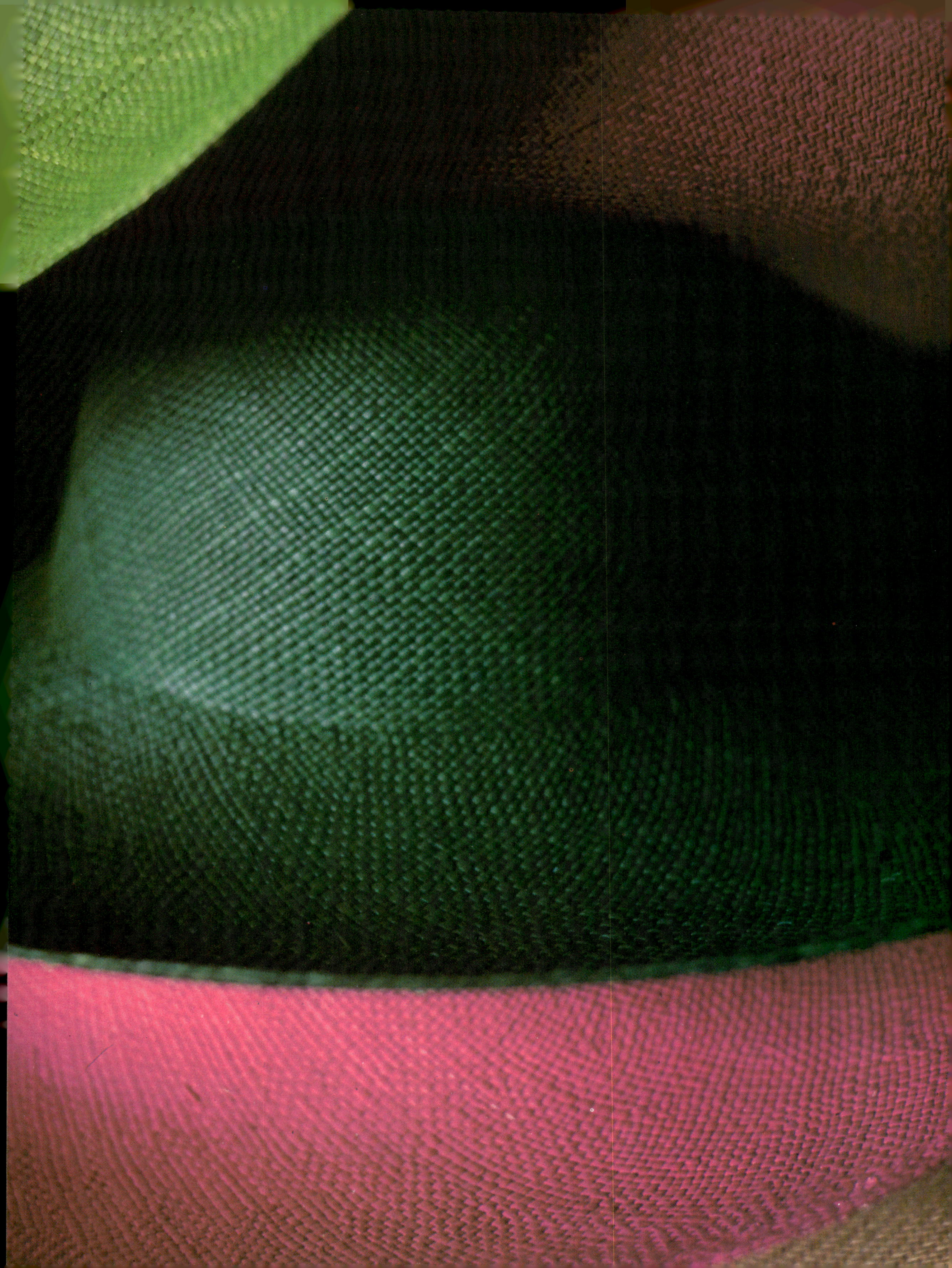

Amagá, Antioquia. Juan Carlos Velásquez P.

◄ Huila. Cecilia Posada D.

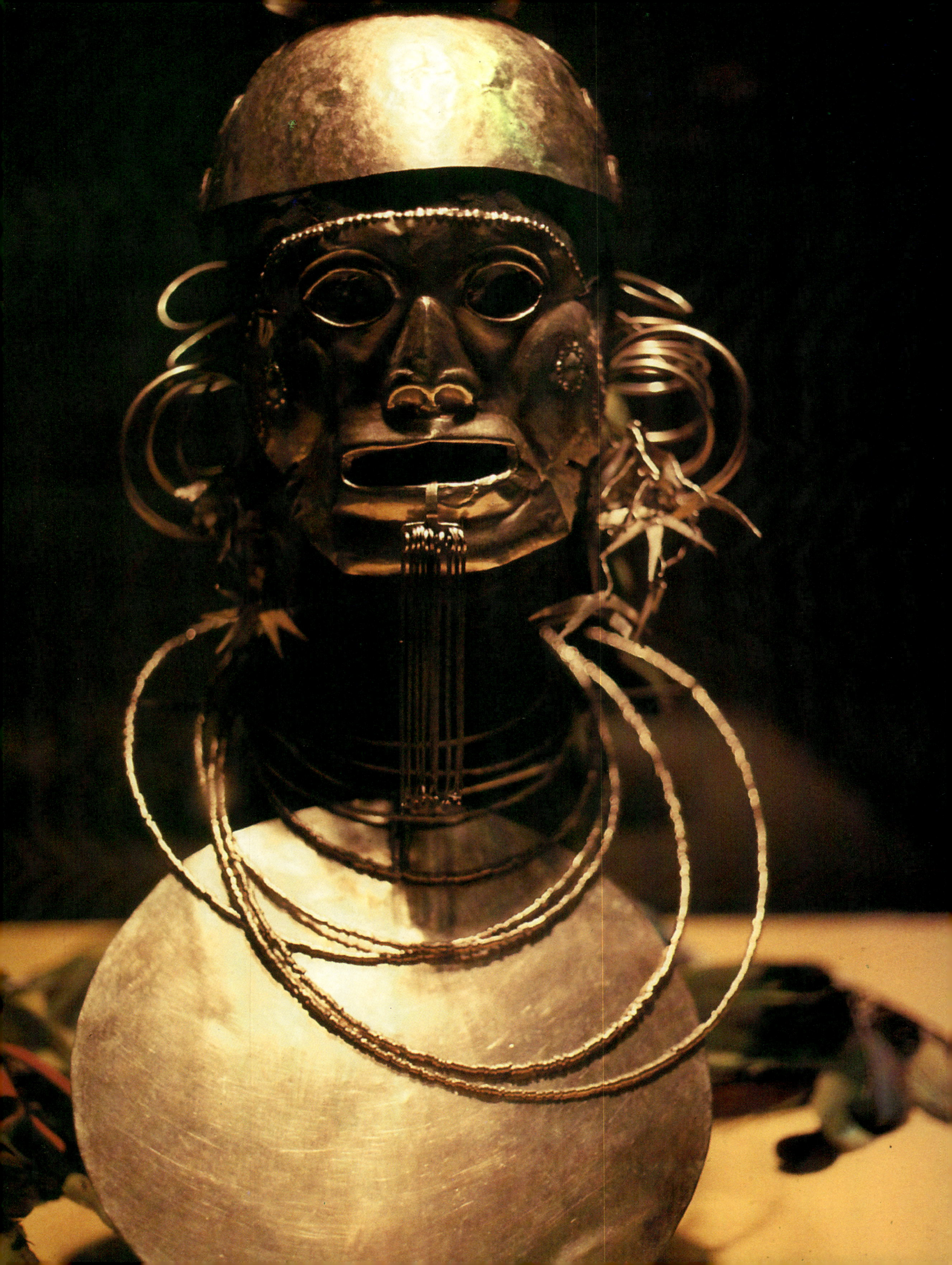

Museo del Oro. Santafé de Bogotá, Cundinamarca. Jaime Osorio G.

◄ Museo del Oro. Santafé de Bogotá, Cundinamarca. Jaime Osorio G.

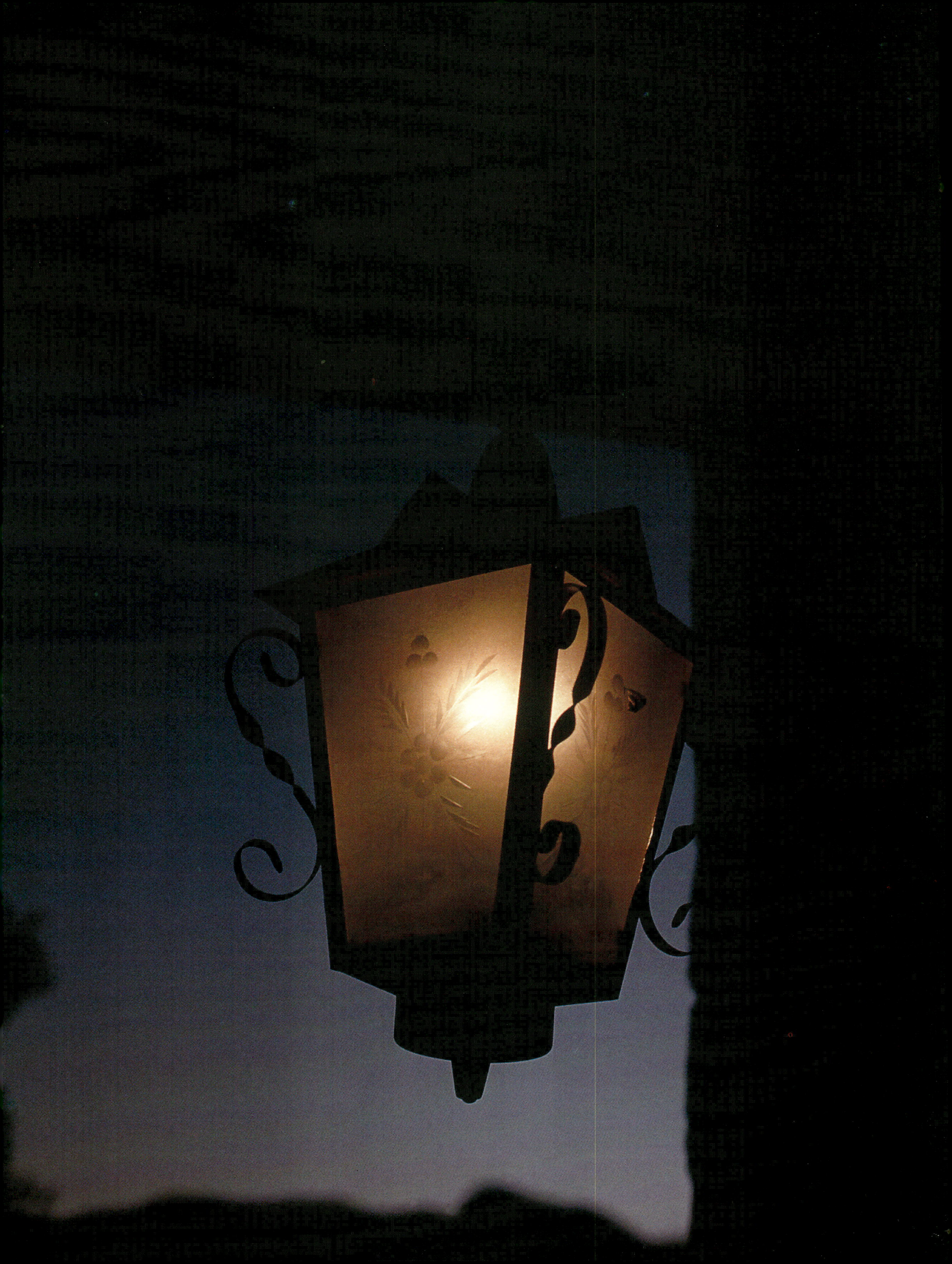

155

Santa Marta, Magdalena. Johnny Cañón G.

Hellman Peláez L.

← Medellín,
Antioquia.
Ricardo Andrés León O.

Medellín, Antioquia. Claudia María Tobón P. →

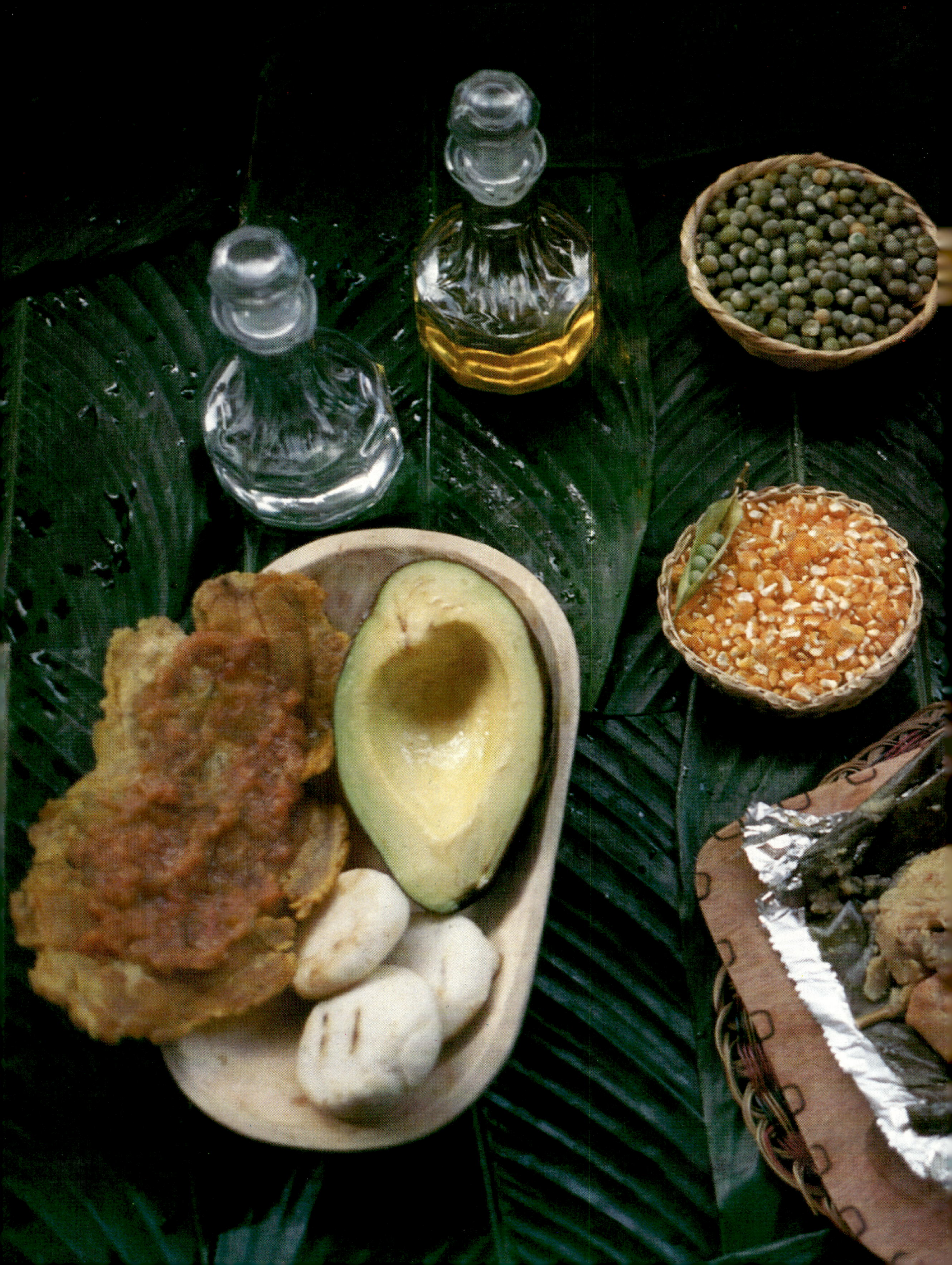

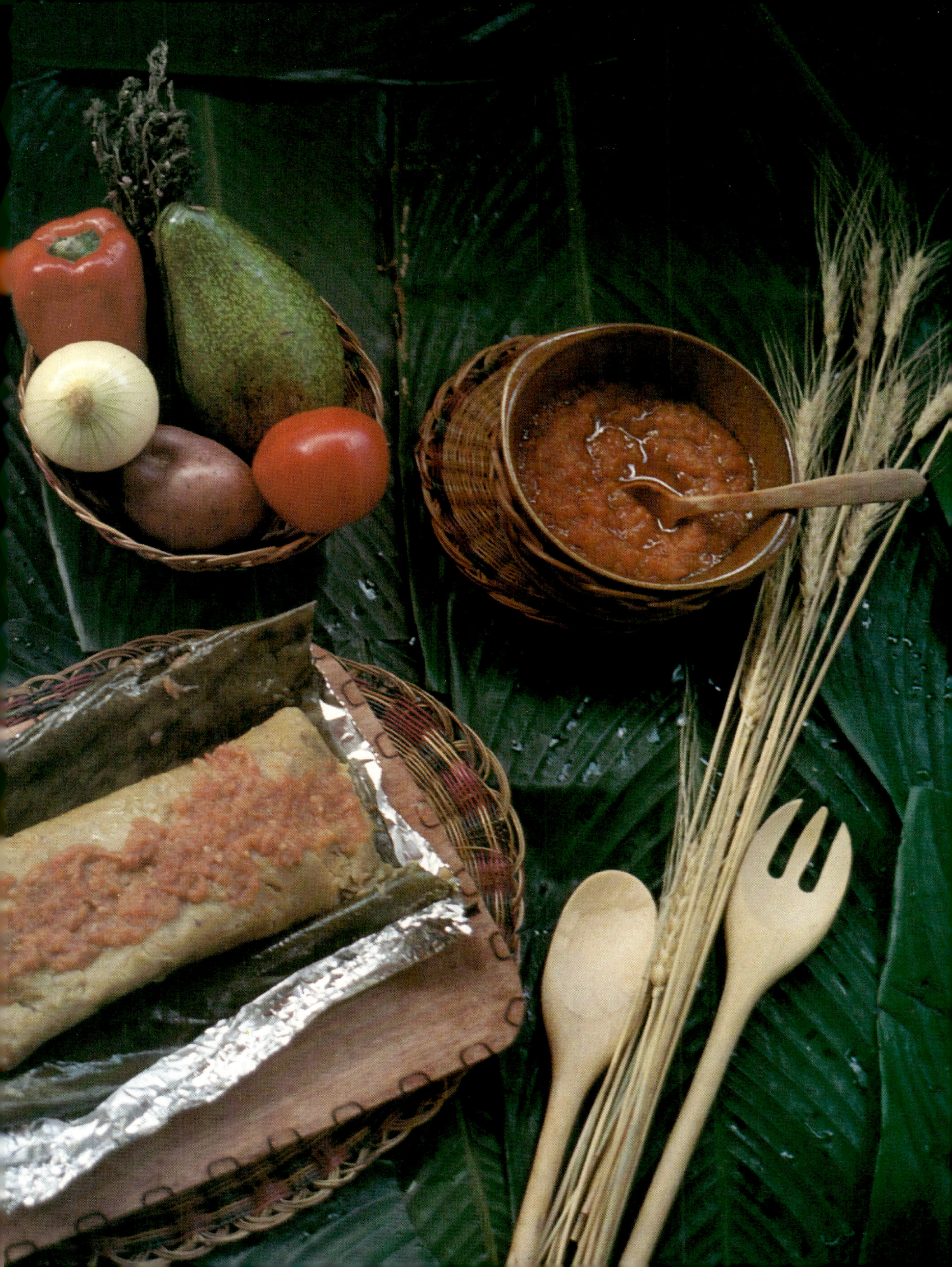

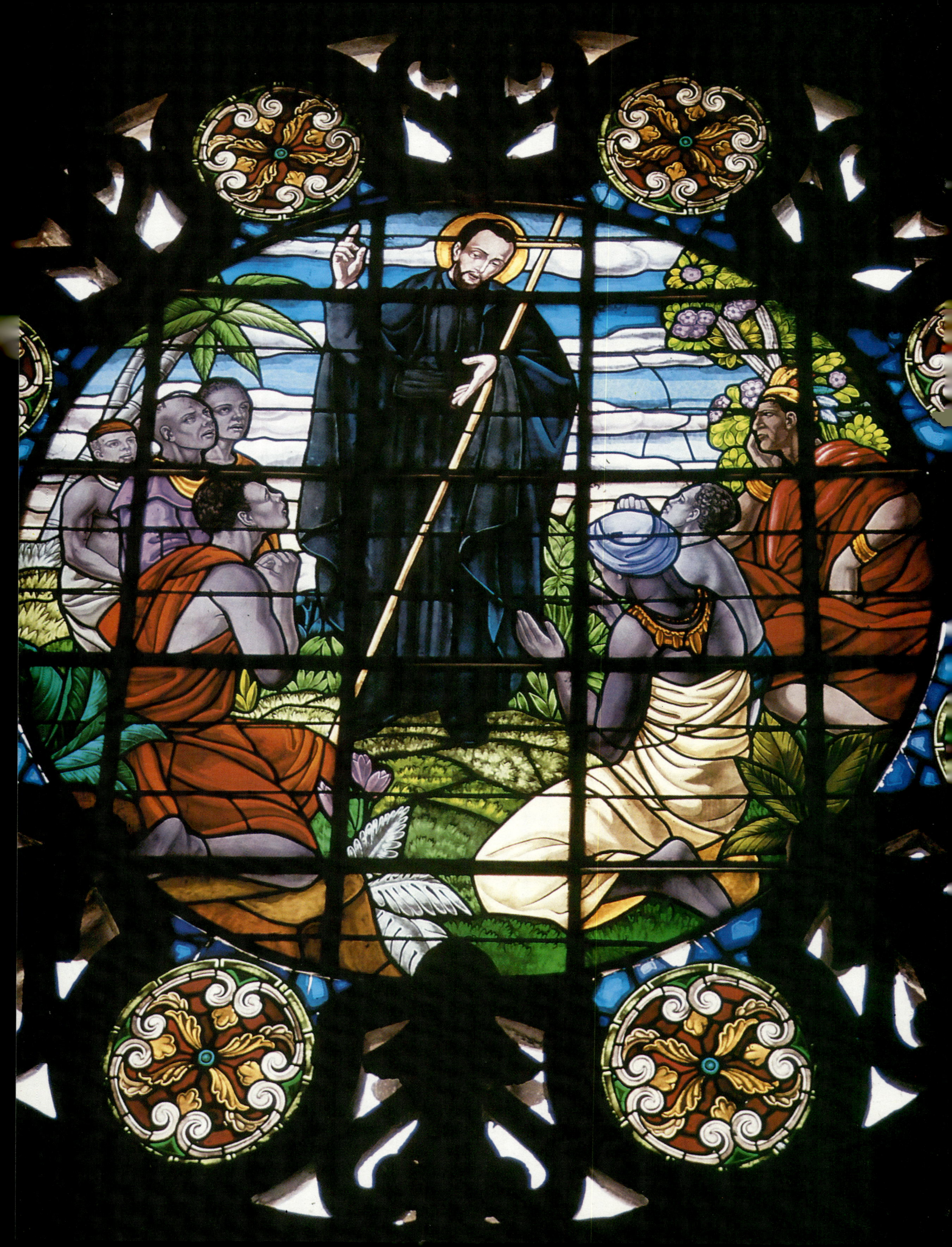

Medellín, Antioquia. Marta Elena Cifuentes A.
←San Pedro Claver. Cartagena, Bolívar. Adolfo Gómez V.

**N**o importa ayer, ni mucho menos mañana. No importa si hay abundancia o escasez, cuando Colombia festeja el tiempo se para y la alegría se desborda. Colombia de pueblos y ciudades, de flores y montañas. De hombres que abren caminos nuevos.
Colombia Maravillosa.

Silvania, Cundinamarca. Jorge A. Martínez Q.

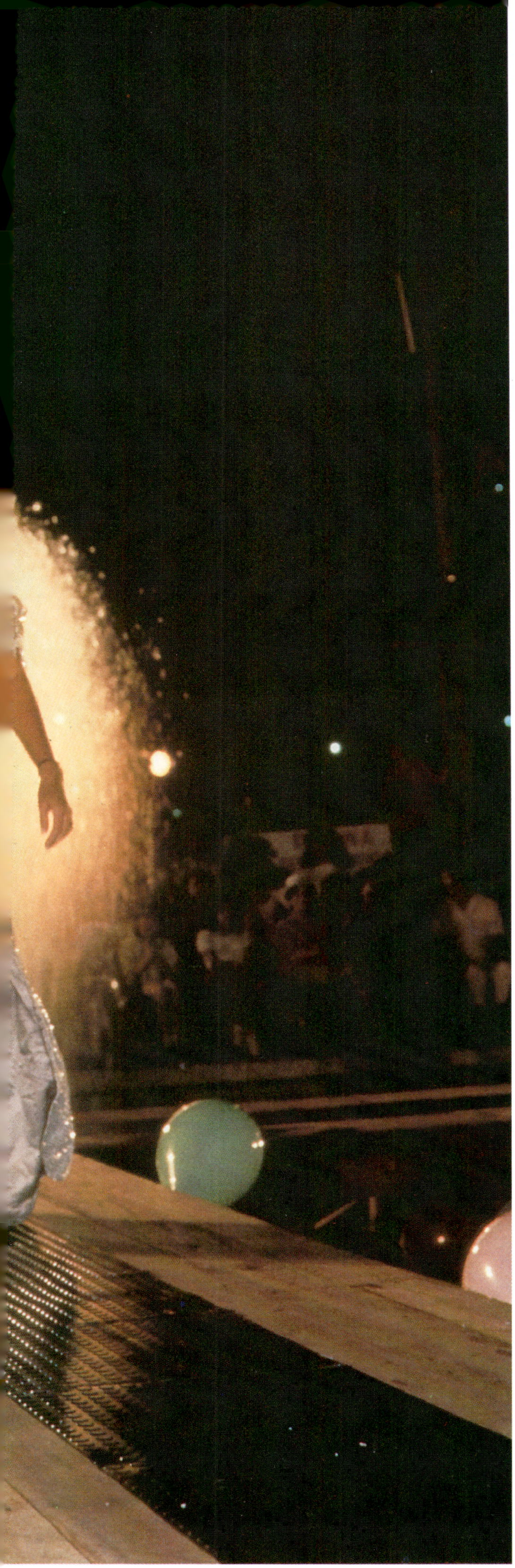

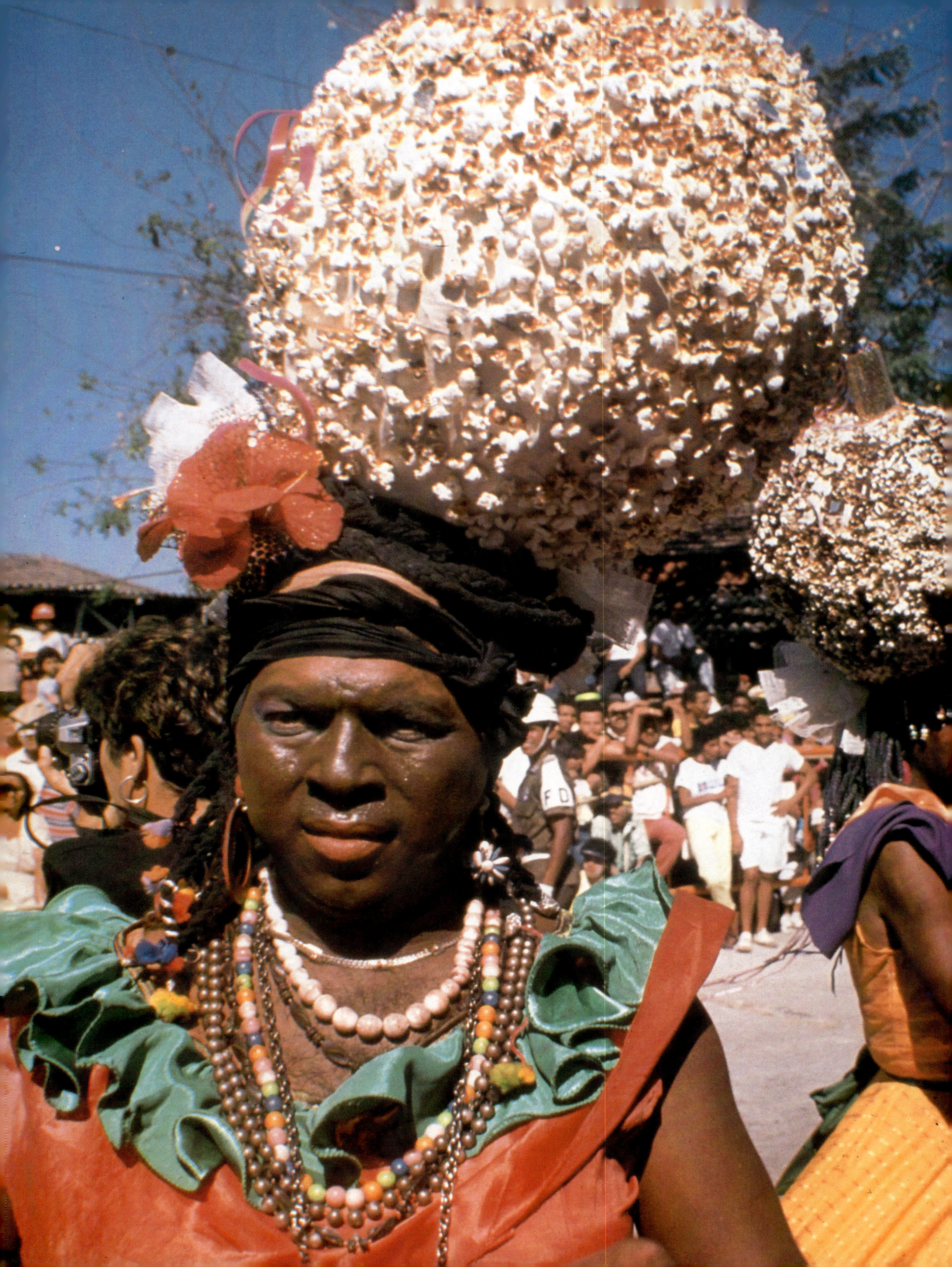

163

Barranquilla, Atlántico. Jorge Eliécer Contreras L.

Barranquilla, Atlántico. Jorge Eliécer Contreras L.

Barranquilla, Atlántico. Jorge Eliécer Contreras L.

← Barranquilla, Atlántico. José Miguel Gómez M.

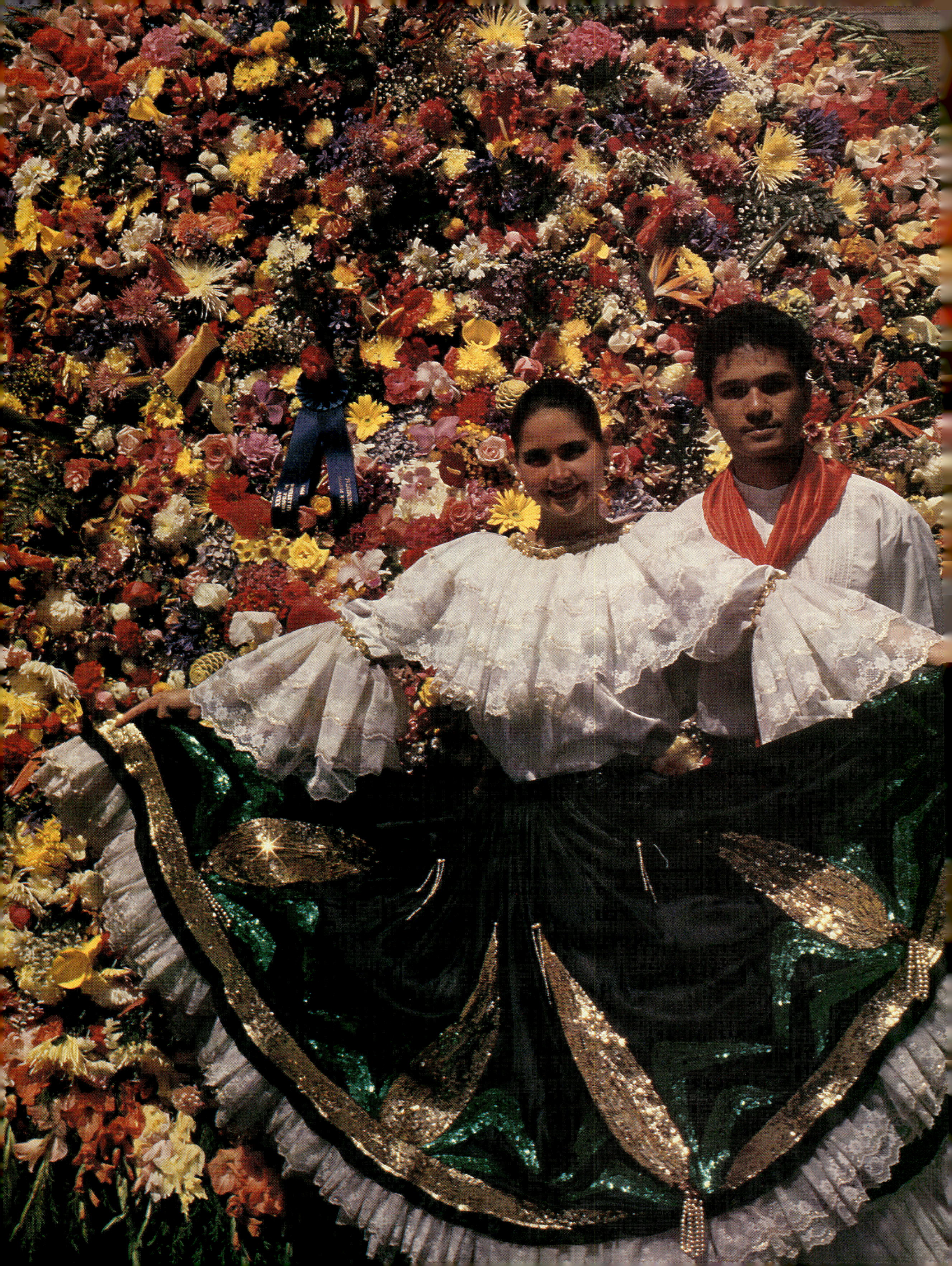

Medellín, Antioquia. Juan Carlos Velásquez P.

Desfile de silleteros. Medellín, Antioquia. Diego Arango B.

◄ Medellín,
Antioquia.
Henry Agudelo C.

Manizales, Caldas. John Missas R.

Cali, Valle. Oswaldo Páez F.

Pereira, Risaralda. María Elena Mejía M.

Tolima. Manuel Hormaza T.

168

Medellín, Antioquia. Oscar Garcés S.

Patía, Cauca. Edgar Felipe Acosta

Barranquilla, Atlántico. Jorge Eliécer Contreras L.

169

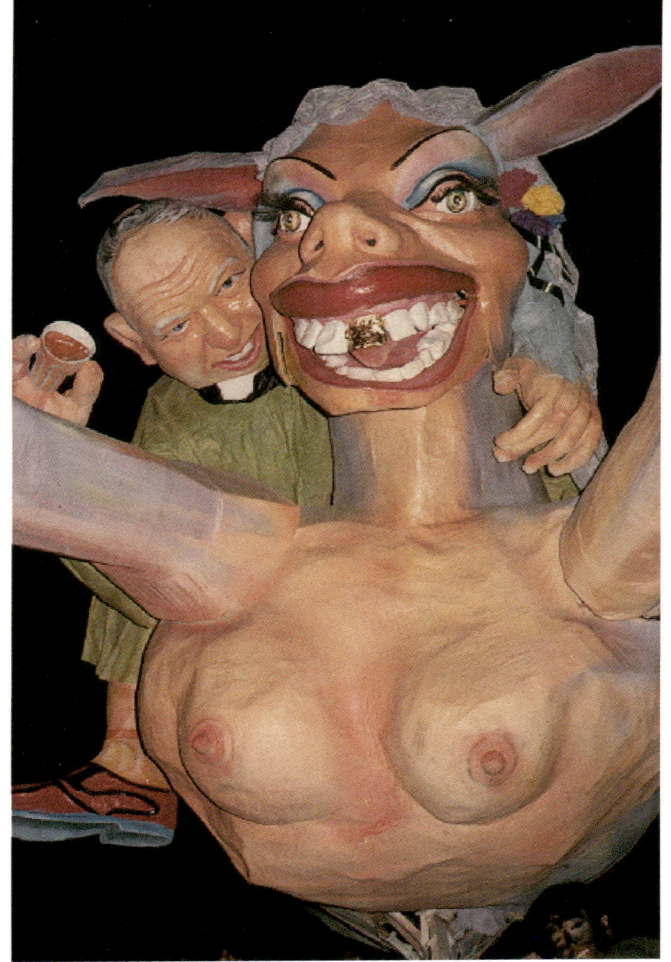

Pasto, Nariño. Alvaro Javier Vallejo D.

Riosucio, Caldas. Jairo Osorio G.

Santafé de Bogotá, Cundinamarca. Luis Alfredo Cortés C.

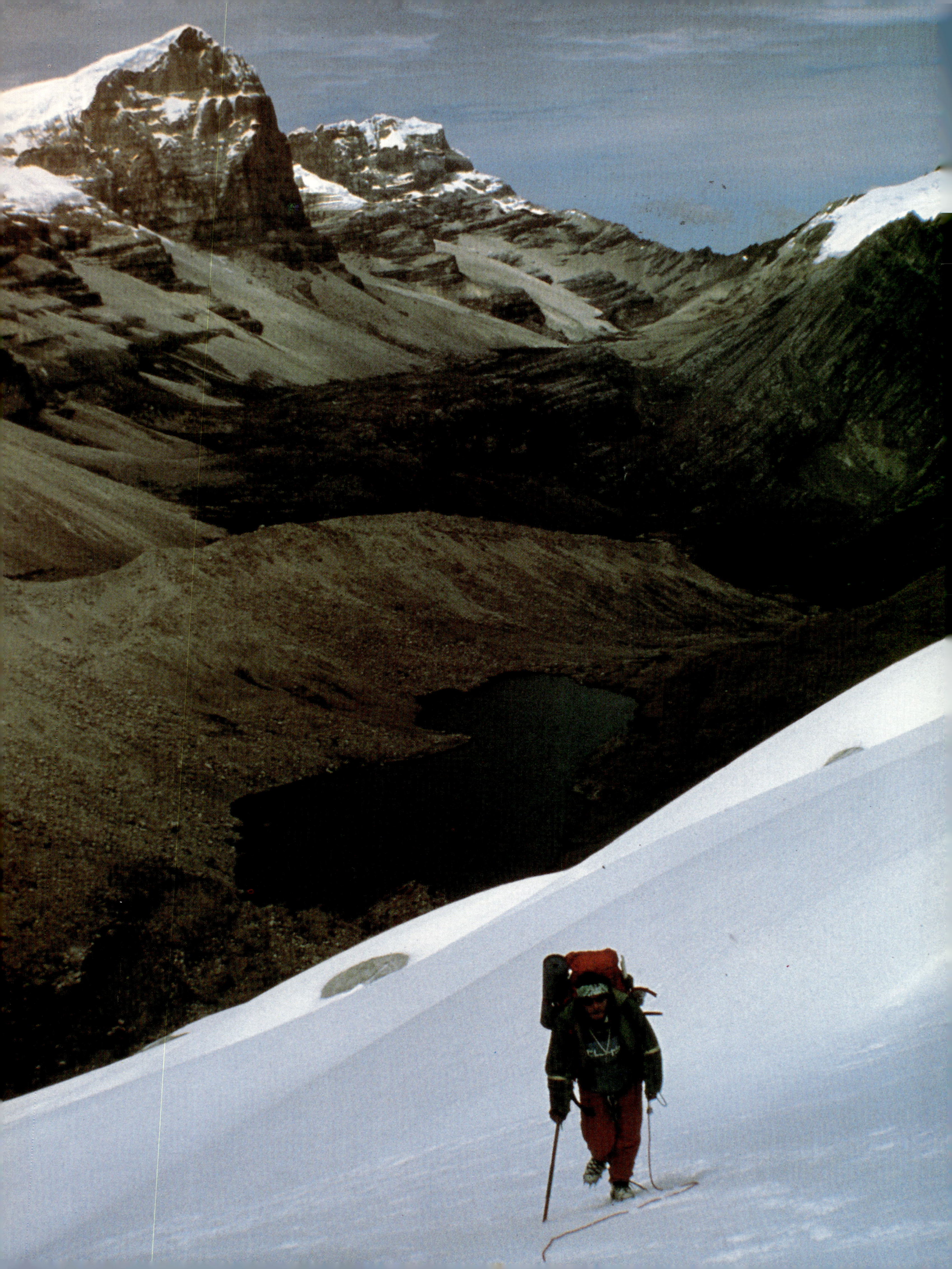

171

Sierra Nevada del Cocuy, Boyacá. Alvaro Pescador R.

San Andrés. León Duque G.

Golfo de Morrosquillo, Mar Caribe. León Duque G.
◄ Sierra Nevada del Cocuy, Boyacá. Alvaro Pescador R.

Sierra Nevada del Cocuy, Boyacá. Alvaro Pescador R. ►

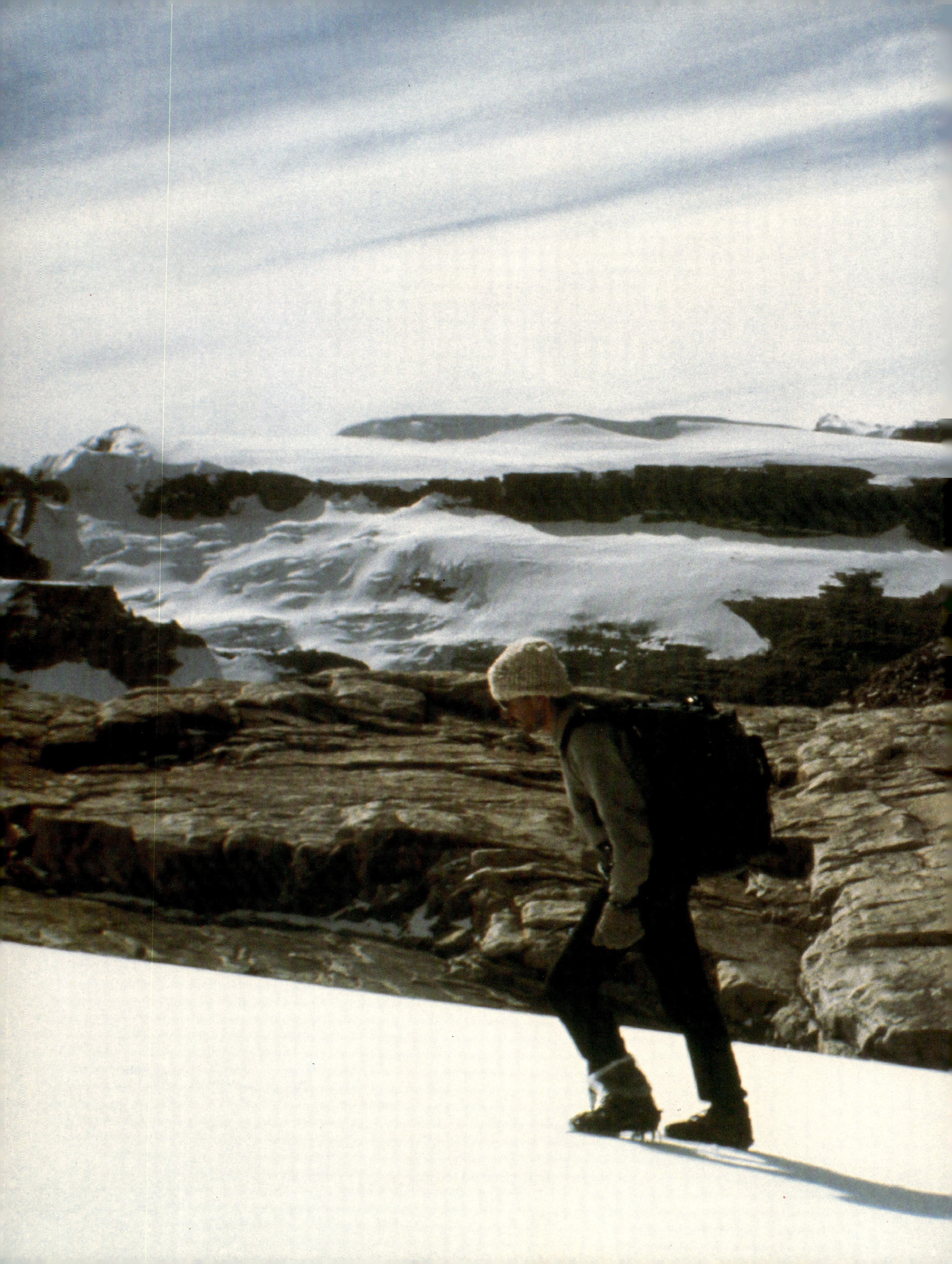

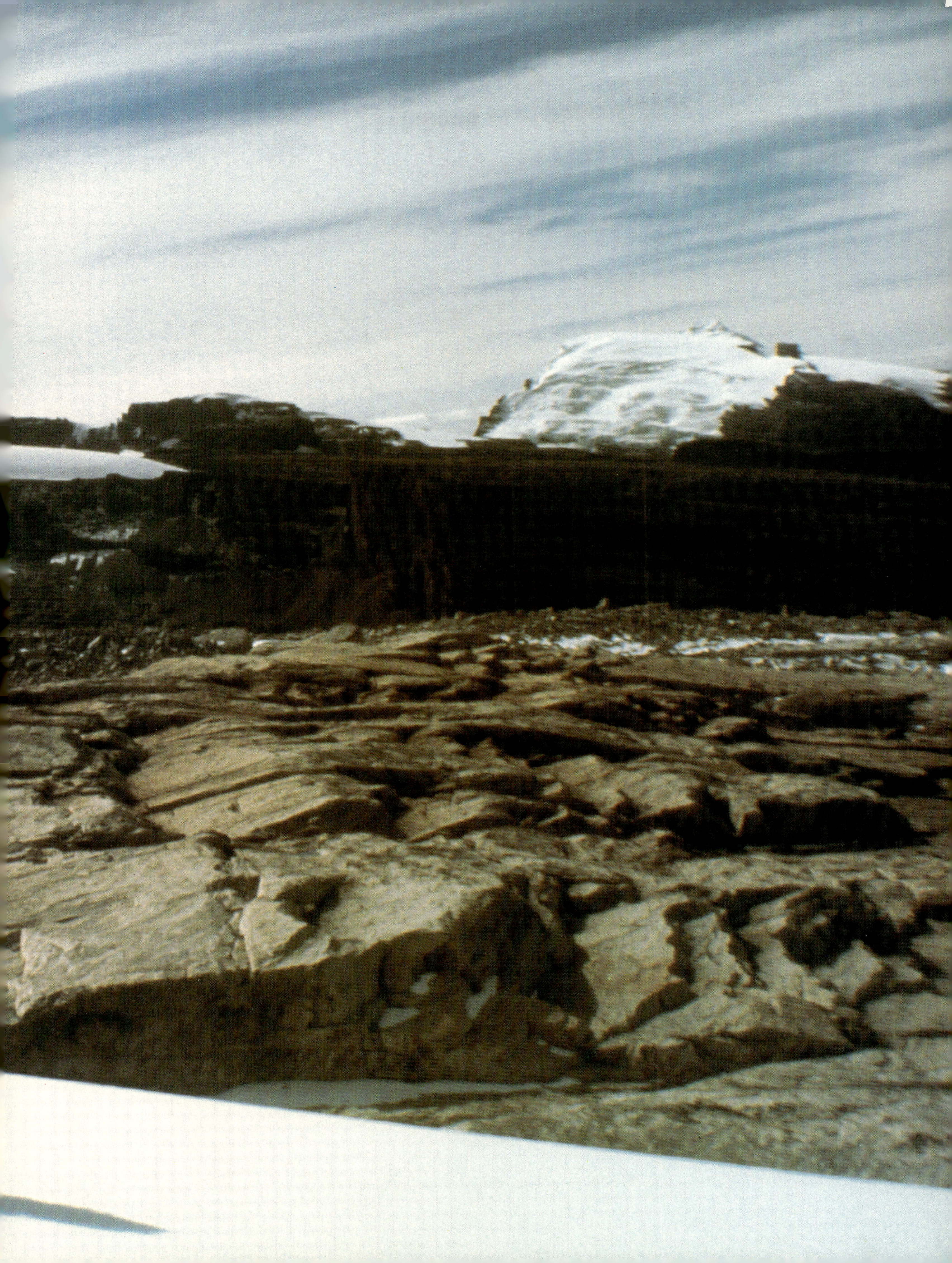

Editorial
COLINA

COMPAÑIA LITOGRAFICA NACIONAL S.A.